현대사회에서 종교권력, 무엇이 문제인가

현대사회에서 종교권력, 무엇이 문제인가

2008년 4월 15일 초판 1쇄 인쇄
2008년 4월 18일 초판 1쇄 발행

지은이 한국기독자교수협의회 · 한국교수불자연합회 공저
펴낸이 김영호
펴낸곳 도서출판 동연
등 록 제2-1383호(1992. 6. 12)
주 소 서울시 마포구 망원동 472-11 2층
전 화 (02)335-2630
팩 스 (02)335-2640

Copyright ⓒ 동연, 2008
이 책은 저작권법에 따라 보호받는 저작물이므로 무단 전재와 복제를 금합니다.
잘못된 책은 바꾸어드립니다.

값 10,000원
ISBN 978-89-85467-64-3 03200

현대사회에서
종교권력
무엇이
문제인가

한국기독자교수협의회 · 한국교수불자연합회 공저

■ 인사말

종교가 권력화되는 것에 대한
사회적 비판의 목소리를 자성의 기회로

김성은 교수
(한국기독자교수협의회장, 서울신학대학교)

한국 불자·기독자 교수협의회가 공동학술대회를 3회째 계속 개최하게 된 것을 축하합니다.

21세기 급변하는 사회 특히, 대통령과 국회의원 선거를 방금 끝낸 한국사회의 여러 갈등과 장벽이 여전히 높은 것을 실감하고 있는 때입니다.

2005년부터 한국기독자교수협의회와 한국교수불자연합회는 해마다, 한국의 대표적인 종단인 불교와 기독교 양대 종교의 지성인인 교수들이 모여 종교에 대한 폭넓은 대화와 공동 관심사의 흐름을 같이 논의하기 위해 모였습니다.

축사를 해주신 손안식 대한불교조계종 종교평화위원회 위원장님과 권오성 한국기독교교회협의회 총무님께 감사드립니다.

두 학술 단체가 해마다 시의적절한 주제로 공식적인 공동학술모임을 갖은 이래 올해로 세 번째를 맞게 되었습니다.

이번 대회는 "현대사회에서 종교권력, 무엇이 문제인가"라는 주제로 개최합니다. 이 주제를 선정한 것은 오늘날 한국사회에서 종교가 비대해지고 대형화되면서, 이에 따른 종교에 대한 사회적 비판의 목소리가 커지는 시점에, 이러한 문제들을 스스로 점검하고, 자성하는 학문적 토론의 장을 마련하기 위함입니다. 이에 불자 교수와 기독자 교수는 이 문제에 대한 객관적이고 균형 잡힌 시각으로 올바른 방향을 제시하고자 이번의 자리를 마련하였습니다.

제1부 "역사를 통해 본 종교권력"은 종교권력의 문제를 역사적으로 다룸으로써, 오늘 이 시대의 문제점의 위치를 찾고자 했습니다. "불교에서 본 종교권력"을 발표해 주실 유승무 교수(중앙승가대학교, 포교사회학과)와 "기독교에서 본 종교권력"을 발표해 주실 손규태 교수(성공회대학교, 신학과), 논찬을 맡아주실 김흡영 교수(강남대학교), 우희종 교수(서울대학교, 수의과)께 깊이 감사드립니다.

제2부 "한국사회와 종교권력"은 오늘의 각 종교의 폐해적인 요인들의 원인과 현상들을 비판적인 시각에서 점검하는 순서로 마련했습니다. 김경집 교수(진각대학교) "현대불교와 종교권력", 이진구 교수(호남신학대학교) "현대개신교와 종교권력" 발표와 김영태 교수(전남대학교, 윤리학), 박광서 교수(서강대학교)의 논찬을 감사드립니다.

발표자와 다른 종교인으로서 이웃 종교에 대한 논찬이 어려운 일임에도 기쁘게 맡아주신 분들과 사회를 맡아주신 임희숙 교수(한신대학교), 이인자 교수(경기대학교) 두 분께도 감사드립니다.

제3부 "종교권력과 사회개혁"은 지난 2003년도 한국기독자교수협의회와 새길기독사회문화원에서 공동 주최한 학술대회에서 발표된 글입니다. 이 책에 싣도록 허락해 주신 진월 스님(동국대학교)과 박종화 목사님(경동교회)께 감사드립니다.

우리의 노력은 지나간 시대에는 자기 종파 중심의 사고를 하여, 자기 종교 교세 확장을 위한 경쟁에만 관심을 가졌으나 이제 서로의 다름을 이해하고, 주요 이슈에 따라 서로 협력하는 종교인의 모습을 보임으로써 종교계의 분위기를 바꾸려는 시도입니다. 특별히 한국사회에서 민주화와 건전한 시민사회를 이루려는 역사와 전통이 있는 두 학술단체가 만난다는 데서 큰 의미를 찾을 수 있을 것입니다.

끝으로 2006년부터 매년 본 공동학술대회의 글을 책으로 엮어주신 도서출판 동연 김영호 대표와 편집부 여러분, 그리고 이 책의 출간에 궂은일을 마다하지 않고 수고하신 한국기독자교수협의회 총무 김은규 교수(성공회대학교)께 감사드립니다.

■ 인사말

비판적 성찰을 통한 자비와 공동선의 실천

김용표 교수
(한국교수불자연합회장, 동국대학교)

　신춘의 푸른빛이 잠들었던 생명을 일깨우는 축복 속에 오늘 제3회 불자·기독자 교수 공동학술대회를 다시 열게 된 인연을 매우 뜻 깊게 생각합니다.
　한국기독자교수협의회와 (사)한국교수불자연합회는 종교 간의 대화를 위한 연례적 공동학술대회 개최를 합의한 이래, 2006년에는 '인류의 스승으로서 붓다와 예수', 2007년에는 '오늘 우리에게 구원과 해탈은 무엇인가?'를 주제로 대화의 장을 열었습니다. 이번 학술회의 주제는 '현대사회에서 종교권력, 무엇이 문제인가'라는 문제의식으로 종교의 권력화 문제를 역사적 맥락과 현실적 문제로 나누어 조명해 보고자 합니다.
　초기 불교와 초기 기독교는 세속 권력과 거리가 멀었습니다. 그러나 불교와 기독교의 역사에는 종교와 권력이 밀착되는 현상이 나타나기 시작하였고, 이는 곧 종교의 세속화와 타락으로 이어지는 경우가 많았습니다. 종교와 정치권력의 결탁은 역사적으로 많은 오점을 남겼고, 이는 사랑과 자비의 실천이라는 종교 본래 목적에 등을 돌리는 결과를 초래하게 되었던 것입니다. 또한 종교의 사회적 영향력이 커질수록 종교 자체의 권력화로 이어져 갖가지 부작용을 낳는 원인이 되기도 하였습니다.

종교 역사를 돌아보면 성스러운 것이 타락할 때 종교적 본질로 돌아가려는 역동성이 나타났습니다. 이러한 '성과 속의 변증법'은 모든 종교사에서 나타난 현상이었습니다. 어느 종교 집단이든 간에 그 교단사의 전개과정에서 이러한 종교적인 것과 비종교적인 것과의 역동적 긴장과 역설적 관계를 발견할 수 있습니다. 종교 창시자의 성스러운 가르침이 바르게 전승되지 못하고 타락되고 변질되었을 때 여기에 대한 반작용으로 본래의 성스러움을 향한 개혁 운동은 필연적으로 발생되게 되는 것입니다.

종교의 자정운동이나 개혁운동도 이러한 복원의 원리에서 그 운동의 방향과 당위성을 찾아볼 수 있습니다. 거룩한 것은 속화됨으로부터 항시 다시 되돌아가려는 역동적인 힘을 지니고 있기 때문입니다. 1세기 전후에 일어났던 대승불교운동이나 16세기의 기독교 개혁 운동도 본래의 청정한 종교정신으로 복원을 지향했던 운동이었습니다. 오늘의 한국 종교계의 현실은 종교 본래의 성스러움이 희미해지고 그 복원력이 상실된 채 방황하고 있다고 진단할 수 있습니다. 오늘의 종교공동체가 그 본래의 가르침을 잊고 있기 때문입니다.

현대사회에서 종교는 거대한 권력으로 일컬어지고 있습니다. 종교의 권력화와 정치권력과의 유착이 갈수록 심해지는 상황에서 건전한 비판을 통한 본래의 종교성 회복이 절실하다 하겠습니다. 오늘의 학술회의에서는 종교의 정치화, 상업화, 금권화, 대형화, 성직계급의 권력화, 종교와 정치권력의 결탁, 특정 교단의 이익집단화 등의 문제를 객관적이고 균형 잡힌 시각에서 비판하고 올바른 방향을 모색하려고 합니다.

우리는 이러한 노력을 통하여 한국 종교계가 건강한 종교성을 회복하고 모든 종교인들이 비판적 자기성찰을 통해 자비와 인류의 공동선을 실천하는 계기가 되기를 염원하는 바입니다.

■ 차례

인사말 / 4
종교가 권력화되는 것에 대한 사회적 비판의 목소리를 자성의 기회로
　　　　김성은 교수(한국기독자교수협의회장)
비판적 성찰을 통한 자비와 공동선의 실천
　　　　김용표 교수(한국교수불자연합회장)

축사 / 14
인간을 위한 평화와 자유인으로서의 실천행을
　　　　손안식(대한불교조계종 종교평화위원장)
종교권력화에 대해 매섭게 비판하고, 성성(聖性) 회복의 길을 열어 주십시오
　　　　권오성 목사(한국기독교교회협의회 총무)

제1부 역사를 통해 본 종교권력

1. 역사상의 불교권력 : 유승무 교수(중앙승가대학교) / 23
　Ⅰ. 서론
　Ⅱ. 개념적·이론적 논의
　Ⅲ. 불교사(佛敎史) 상의 불교권력과 그 전형(轉形)
　　　3.1 불교민주주의와 마하삼마따(mahāsammata)
　　　3.2 정치권력에 대한 초기불교의 태도
　　　3.3 동북아시아 불교의 전형(轉形)
　Ⅳ. 한국불교사 상의 불교권력과 그 비판
　Ⅴ. 결론

논찬
유승무 교수의 "歷史上의 불교권력"을 논하며 : 김흡영 교수(강남대학교) / 45

2. 기독교 역사에서 본 종교의 권력화 : 손규태 교수(성공회대학교) / 57
    I. 서론
    II. 국가와 종교의 종합(콘스탄티누스 모델)
    III. 국가의 영토확장정책과 선교정책의 종합(칼 대제의 모델)
    IV. 교회와 십자군 전쟁(교황 그레고리7세의 모델)
    V. 식민지 정복과 선교(콜럼버스의 모델)
    VI. 반식민지와 선교(라스카사스와 지겐발크 모델)
    VII. 세계화와 선교의 종합(미국 네오콘의 모델)
    VIII. 결론

논찬
종교의 권력화-종교라는 삶의 두 얼굴 : 우희종 교수(서울대학교) / 84

제2부 한국사회와 종교권력

3. 현대불교와 종교권력 : 김경집 교수(진각대학교) / 91
    I. 서언
    II. 현대불교의 권력화 양상
        1. 교단의 권력화 양상
        2. 전제적(專制的) 종권 추구
    III. 불교권력의 변화와 영향
        1. 불교권력의 다각화 양상
        2. 불교권력의 정치화 경향
    IV. 결어

논찬
"현대불교와 종교권력"에 대한 논찬 : 김영태 교수(전남대학교) / 123

4. 현대개신교와 종교권력 : 이진구 교수(호남신학대학교) / 131
  Ⅰ. 서론
  Ⅱ. 개신교는 어떤 과정을 거쳐 종교권력으로 탄생하였는가?
  Ⅲ. 개신교 종교권력의 작동 양상
    1. 교회 안의 종교권력
      1) 교회세습과 권력의 자기복제
      2) 돈과 권력의 변증법
      3) 젠더의 위계화와 성폭력
    2. 시민사회 속의 종교권력
      1) 신자유주의와 대형교회
      2) 해외선교의 정치학
      3) 사회적 의제와의 충돌
    3. 정치 영역과 종교권력
      1) '애국기독교'와 '거리의 정치'
      2) 기독교계 뉴라이트
      3) 기독교 정당 만들기
  Ⅳ. 결론

논찬
종교권력을 우려한다 : 박광서 교수(서강대학교) / 167

제3부 종교권력과 사회개혁

5. 종교권력과 사회개혁-기독교의 입장에서 : 박종화 목사(경동교회) / 199
   Ⅰ. '개혁'의 주체와 대상
   Ⅱ. '종교권력'의 한 실체인 개신교-한국 상황과의 접맥
   Ⅲ. 마감하면서

6. 한 불교인의 사례를 통한 자기반성 : 진월 스님(동국대학교) / 209
   Ⅰ. 상식적 전제
   Ⅱ. 보편적 불교인의 권력 인식
   Ⅲ. 한국 불교계의 경우
   Ⅳ. 맺는 말

소개 / 224
   (사)한국교수불자연합회
   한국기독자교수협의회

■ 축사

종교권력화에 대해 매섭게 비판하고, 성성(聖性) 회복의 길을 열어 주십시오

권오성 목사
(한국기독교교회협의회 총무)

    기독교와 불교 학자들의 대화 자리인 제3회 공동학술대회를 진심으로 축하드립니다.
    이번 대회의 주제는 '종교권력'입니다. 이 주제를 종교인들이 다룬다는 것은 자신들의 부정적인 모습을 솔직하게 드러낸다는 점에서 중요한 의미를 갖습니다. 사람들이 전통적으로 종교에 대하여 거는 기대는 이 세상 식의 논리와 판단, 행동을 넘어서서 새로운 삶의 가치를 설파하고, 실현하는 데 있습니다.
    보통 대립적인 의미로 사용되는 '성(聖)'과 '속(俗)'이라는 단어가 대표적인 표현입니다. 세상에서는 권력, 재물, 명예 등이 최고의 가치가 되어 있습니다. 우리 사회의 DNA로 각인되어 있어서 이것을 소유하고, 누리고자 욕심을 가지는 것을 당연하게 여기고 있습니다. 이와 달리 종교는 사람 그 자체, 생명 그 자체, 사람과 사람 사이의 적절한 관계성을 가장 중요한 가치로 선포합니다. 이를 바탕으로 자기 포기와 헌신, 사랑과 나눔, 고통 받는 사람들에 대한 연민과 섬김을 실행할 것을 신도들과 이 세상에 요청하고 있습니다. 즉 '속(俗)'의 세계에 '성(聖)'을 주입해서 그 결과 세상을 변화시키고자 하는 것입니다. 종교가 이와 같이 건강하게 자신의 자리를 지킬 때 '종교가 존재하는 것' 자체가 그 사회의 밝은 빛이 되고, 맑은 샘이 됩니다. 희망과 생명을 부여하게 됩니다. 이것이 종교가 세상에 끼치는 '선한 영향력'입니다. 대부분 종교의 초기 모습이 이러했습니다.

그런데 종교의 역사를 보면 '성(聖)'의 영역에 '속(俗)'의 가치가 침투해서 그 결과로 종교가 변질되는 경우가 얼마나 많이 있는지 모릅니다. 종교의 '벼슬'이 '닭 벼슬'만도 못하다는 속담이 있는데도 그 보잘 것 없는 '권력'을 가지려고 종교 내부가 이전투구 현장이 되기도 합니다. 고통 받는 사람들의 자리에 서서 공의를 요구해야 하는 종교가 권력자의 자리에 서서 권력의 불의를 합리화해 줍니다. 더 나가 악한 정권과 제국주의의 첨병 역할을 하는 경우도 종종 있습니다.

재물도 마찬가지입니다. 기독교의 경우 초기에는 '은과 금은 없지만 나사렛 예수의 이름' 하나에 의지해서 존재했습니다(행 3:6). 그런데 시간이 흐르면서 '나사렛 예수'의 이름은 사라지고, '은과 금'을 쌓아놓았습니다. 그리고 그것이 자신이 가진 능력의 원천인 줄 믿는 모습을 보이기도 했습니다. 이렇게 되면 어느 종교든지 '세상 만물'에 선한 영향력을 끼치는 존재가 되지 못합니다. 종교 자신들만을 위한 성벽에 갇힌 '게토'가 되어 버리고, '하나'의 이해집단으로 전락하게 됩니다. '성(聖)'이 '속(俗)'으로 변질하는 것에 대해서 세상이 먼저 민감하게 지각합니다. 처음에는 조심스럽게 문제제기를 합니다. 그 다음 단계에서는 비판하고 비난합니다. 그래도 종교가 스스로 개혁하지 못하면 가장 마지막 단계인 철저한 무관심으로 치닫습니다. 이렇게 세상의 도전이 거세질 때 종교는 이에 바르게 응해서 자신의 '성(聖)스러움'을 회복해야 합니다.

파리불국(波利佛國)에 사등심(四等心), 육바라밀(六波羅密), 삼십칠도품(三十七道品)이 있어도 행함이 없으면 아무 것도 얻지 못합니다(잡비유경 중).

밭에 묻혀 있는 보물이나 시장에 나온 좋은 진주라도 있는 것을 다 팔아서라도 그것을 사들여야만 하늘나라가 내 것이 될 수 있습니다(마 13:44-46).

불교의 대승불교 운동이나 기독교의 종교개혁 운동이 그런 노력의 일환이었습니다. 만약에 자신을 새롭게 하지 못하면 종교가 아무리 엄청난 '종교권력'을 가졌다고 하더라도 결국 소멸하고 마는 것이 역사의 교훈입니다. 종교권력이 종교의 힘의 근원이 아니기 때문에 그렇습니다.

최근 우리 사회가 종교에 대하여 매섭게 비판하고 있습니다. 그러나 종교의 권력화에 대한 세상의 가혹한 비판은 우리 종교가 '속성(俗性)'에 함몰되지 않고 '성성(聖性)'을 가진 존재가 되기를 바라는 애정과 소망의 다른 표현입니다. '변화해 달라'고 하는 외침입니다. 우리 종교 안에서 누군가가 '알겠다'고 대답해야 할 때입니다.

오늘 이 학술대회에서 교수 여러분들이 무엇보다 우리 한국의 기독교와 불교의 현실이 어떠한지 적나라하게 드러내 주시기를 기대합니다. 또 종교의 진리에 비추어 볼 때 우리가 어떤 점이 달라져야 하고, 어떻게 실천해야 하는지 구체적으로 지적해 주십시오. 여러분의 오늘의 대화가 한국 기독교와 불교가 이 세상과 더 깊이 소통하고, 선한 영향력을 회복하는 계기가 될 것입니다.

2008년 4월 18일
연지골에서

■ 축사

인간을 위한 평화와 자유인으로서의 실천행을

손안식
(대한불교조계종 종교평화위원회 위원장)

　불교도들과 함께 제3회 불자·기독자 교수 공동학술대회를 진심으로 축하드립니다.
　아직도 지구촌 곳곳에서 벌어지고 있는 국가 간의 분쟁과 종교적인 갈등이 일어나고 있는 가운데, 불교와 기독교를 종교로 신앙생활을 하는 대학의 교수님들이 한 자리에 모여 종교 간의 화해와 상생을 위하는 일은 참으로 뜻있는 행사입니다.
　오늘 학술 행사는 '현대사회에서 종교권력, 무엇이 문제인가'라는 주제로 열리게 된 것을 종교권력의 문제를 역사적으로 다루고, 한국사회에서의 종교권력이 사회가 요구하는 바를 부응하고 있는 것인지를 직접 점검하면서 나아가 자기성찰을 통한 진솔한 대화의 장으로 승화시키고자 함을 취지와 목적으로 삼고 있음을 높이 평가해야 할 것으로 사료됩니다.

  지나간 역사 속에서 각 종교는 자기중심적 사고와 우월주의가 팽배하였음을 반성하지 않을 수 없으며, 급기야는 종교제패 양상을 보였던 것도 간과하지 않을 수 없습니다.

  이는 종교의 폐쇄적인 자리행(自利行)과 배타적인 현상이었음을 깊이 성찰해야 할 것으로 생각합니다.

  인간의 심성은 저마다 차이가 있겠지만 진리는 고금이 동일하며 진실함과 속됨이 동체(同體)요 보이는 것과 보이지 않는 것이 둘이 아닌데, 절대적인 망상을 버리고 상대적인 성찰로 인간의 사회현상을 보아야 할 것입니다.

  종교는 편협한 종파의식과 배타성이 없이 오직 인간을 위한 평화와 자유인으로써 실천행을 해야 할 것입니다. 그러기 위해서는 서로 사랑하고 존경하는 화경(和敬) 정신이 있어야 하며, 나아가 대립과 투쟁이 없는 화쟁(和諍) 사상에 위치해야 할 것입니다.

  인간의 진실한 행복과 평화를 위하고 또한 건강한 사회와 안정된 발전을 위하여 불교와 기독교는 진리의 실천 역할을 다해야 할 것입니다.

  특히, 종교권력은 인류사회의 평화와 안녕의 등불을 높이 밝히고 인류평등의 행복한 삶을 보장하는 데 주도적 역할을 다해야 할 것을 서원으로 삼고자 합니다.

  다시 한번 제3회 불자·기독자 교수 공동학술대회의 원만 회향을 손 모아 기원합니다.

2008년 4월 18일

제1부
역사를 통해 본 종교권력

1부 차례

1. 역사상의 불교권력 : 유승무 교수(중앙승가대학교, 사회학)
　I. 서론
　II. 개념적·이론적 논의
　III. 불교사(佛敎史) 상의 불교권력과 그 전형(轉形)
　　3.1 불교민주주의와 마하삼마따(mahāsammata)
　　3.2 정치권력에 대한 초기불교의 태도
　　3.3 동북아시아 불교의 전형(轉形)
　IV. 한국불교사 상의 불교권력과 그 비판
　V. 결론

논찬
유승무 교수의 "歷史上의 불교권력"을 논하며 : 김흡영 교수(강남대학교, 신학)

2. 기독교 역사에서 본 종교의 권력화 : 손규태 교수(성공회대학교, 신학)
　I. 서론
　II. 국가와 종교의 종합(콘스탄티누스 모델)
　III. 국가의 영토확장정책과 선교정책의 종합(칼 대제의 모델)
　IV. 교회와 십자군 전쟁(교황 그레고리7세의 모델)
　V. 식민지 정복과 선교(콜럼버스의 모델)
　VI. 반식민지와 선교(라스카사스와 지겐발크 모델)
　VII. 세계화와 선교의 종합(미국 네오콘의 모델)
　VIII. 결론

논찬
종교의 권력화-종교라는 삶의 두 얼굴 : 우희종 교수(서울대학교, 수의학)

1. 역사상의 불교권력

유승무 교수
(중앙승가대학교, 사회학)

I. 서론

이명박 정부의 출현과 함께, 종교권력이 우리의 인식 관심 속으로 자주 들어오고 있다. 이른바 이명박 연줄 즉 '고소영'에, 학연과 지연 이외에도 소망교회와의 관계 즉 종교적 연고가 포함되어 있다는 사실을 고려할 때, 향후에도 당분간은 그 가능성이 결코 줄어들지 않을 것으로 생각된다. 실제로 대통령 비서관의 종교분포를 보면 개신교인의 비중이 다른 종교인에 비해 압도적 우위를 점하고 있고, 이에 대해 불교를 비롯한 다른 종교 혹은 종파의 반응은 예각적이다[1]. 결국 의도한 결과이든 그렇지 않든 당분간 한국사회에서 종교권력 현상은 종종 사회적 이슈로 부각될 전망이다.

---

1) 실제로 불교계 신문이나 인터넷 불교 관련 사이트에서는 이미 이명박 정부의 비서관들을 종교별로 분류표는 물론 심지어 인수위원들의 종교별 분포를 도표화하여 제시한 바 있다.

이러한 전망이 종교권력에 대한 학문적 관심으로 발현되는 것은 당연하다. 실제로 이명박 정부의 기독교 권력을 둘러싸고 수많은 의문들, 예컨대 '이명박 정부와 기독교 권력을 형성하고 있는 기독교회는 어떤 성격의 교회이며, 그 이유는 무엇이고, 어떠한 과정과 방법을 통해 기독교 권력을 공고히 할 수 있었고 또 있는가?' 등이 진지한 학문적 해답을 기다리고 있다. 바로 그렇기 때문에 또 다른 일각에서는 '그렇다면 지금까지 다른 종교, 그 중에서도 가장 규모가 큰 불교는 정치권력과 어떠한 관계를 유지해 왔는가?'라는 의문들이 이어질 수 있을 것이다.

그러나 불행하게도 이 글의 초점은 이러한 의문들과는 다소 먼 거리에 위치해 있다. 보다 구체적으로 말하면, 이 글에서 우리는 이명박 정부의 기독교 권력을 직접 다루는 것이 아니라 불교권력을 다루고자 하며, 그것마저도 현대 한국불교에 국한하지 않고 불교 전체사로 시야를 확장하여 불교권력 일반의 흐름을 거시적으로 개관해 보고자 한다. 때문에 정직하게 말하면 이 글을 '지금 여기에서' 반드시 다루어야만 할 불가피한 이유가 있는 것은 아니다. 그러나 기독교 권력이 인구에 회자되는 이 때 그리고 일종의 종교권력으로서 기독교 권력을 학문적으로 논의하는 자리에서 또 다른 유형의 종교권력으로서 불교권력을 논의하지 못할 이유도 없다. 그것이 비교를 위한 최소한의 준거점이나마 제공할 것이기 때문이다.

물론 본 연구의 주목적이 최소한의 비교 준거점 제공에 있는 것만이 아님은 두말할 나위가 없다. 오히려 본 연구의 일차적 목적은 불교권력을 통하여 종교권력 일반의 보편적 속성을 밝혀 보는 데 있다. 때문에 무엇보다도 우리는 종교권력을 보편적 현상으로 전제하고자 한다. 실제로 종교권력의 문제는 인류역사의 시작 이래로 지금까지도 지속되고 있는 보편적 문제이다. 왜냐하면 구원재를 독점하고 있는 종교는 인간사회의 지배관계의 형성 및 재편에 직접적으로든 간접적으로든 영향을 미치기 때문이다. 불교권력도 예외가 아니다. 그러나 종교권력의 정도는 사회에 따라 그리고 시대적 상황에 따라 다르며, 종교권력의 유형도 최고통치자와의 관계에 따라 달라질 수밖에 없다. 제정일체사회냐 제정분리사회냐에 따라 혹은 최고통치자의 종교와 일치하는 종교인가 불일치하는 종교인가에 따라 종교와 정치체제 사이의 시너지의 정도 및 상호작용의 방식은 매우 다르게 발현될 것이다. 이는 불교권력의 특수성이 존재함을 의미한다. 때문에 장기지속의 관점에서 불교권력의 특수성을 밝혀 보는 것은 본 연구의 또 다른 목적일 수밖에 없다.

이 글이, 이러한 목적을 달성함으로써, '오늘날 한국불교가 지배의 재생산과 관련하여 정치권력과 어떠한 관계를 맺어야 할 것인가?'라는 지극히 현실적인 문제에 대한 실천적인 함의를 제공할 수 있기를 기대해 본다.

II. 개념적·이론적 논의

연기의 이치에 따르면, 이 세상에는 고정된 실체가 존재할 수 없다. 그러나 학문적 논의를 위해서는 최소한의 고정성 즉 실체화가 요구된다. 해서 여기에서는 우선 불교권력이 무엇을 가리키고 있는지를 확정하는 작업에서부터 논의를 시작하지 않을 수 없다.

불교권력이란 불교와 권력의 합성어이다. 그렇기 때문에 불교권력을 이해하기 위해서는 다시 불교에 대한 정의와 권력에 대한 정의를 분명히 밝혀 둘 필요가 있다. 먼저 불교란, 단어의 뜻을 그대로 풀어 보면, 깨달은 자 즉 붓다의 가르침이 된다. 그러나 이는 일종의 교리 (혹은 교의)를 기준으로 한 개념정의라 할 수도 있다. 물론 종교가 궁극적 삶의 내적 의미를 제공하는 그 무엇이라면, 불교를 그 교리를 중심으로 정의해도 무방하다. 그러나 이 글에서 의도하는 바대로 권력과 결합하는 그 무엇으로서의 불교를, 이러한 의미로 정의하는 것은 무의미하다. 해서 여기에서는 불교를 불법승 삼보와 그에 귀의하고 있는 사부대중을 중심으로 조직적으로 구성된 종교적 실체(혹은 총체)로 정의하고자 한다. 그렇다면 권력이란? 통상 우리는 권력을 '이해당사자의 의지와 무관하게 그에게 무엇인가를 강제할 수 있는 힘'으로 정의한다[2]. 그렇다면, 불교권력이란 '종교적 실체로서 불교가 특정한 지배관계를 형성, 유지, 재생산하거나 혹은 그것을 폐기, 전복할 수 있는 힘이라고 정의할 수 있다.

불교권력을 이렇게 정의할 경우, 불교의 권력화(혹은 불교의 정치세력화)란 불교 혹은 그 구성원들이 모종의 지배관계와 관련된 이해관계를 관철하기 위하여 공공의 문제에 참여하거나 혹은 특정한 정치적 세력과 결탁함으로써 세속적인 정치적 영향력을 확대해 나가는 사회적 과정으로 볼 수 있다. 이렇게 본다면, 성직자가 그 신도에 대하여 종교적 영향력을 발휘하는 행위나 과정은 불교권력에서 배제된다.

불교권력을 이렇게 규정하더라도 문제는 남는다. 불교권력의 바탕이자 성립조건이라 할 수 있는 불교와 정치권력 사이의 관계를 논의

---

[2] 베버(Weber)의 권력(power) 개념이 대표적인 예이다. 권력 및 권력과 종교의 관계에 관한 자세한 논의는 전성표(1998)를 참고하기 바란다.

하지 않는다면, 불교권력에 관한 논의는 실제로 아무런 의미를 가질 수 없기 때문이다.

인류의 역사상 종교권력이 가장 강했던 시기는 최고의 통치자가 동시에 제사장인 제정일치의 시기였을 것이다. 그러나 인간사회는 시간의 흐름 따라 현실세계의 정치적 지배자와 이상세계의 정신적 지배자가 분리되는 방향으로 분화했다. 전자가 물리적 폭력을 독점했고 후자는 구원재를 독점하면서 종교제도와 정치제도는 분명하게 분리되었다. 물론 현실적으로 제도적 분리의 정도는 사회분화의 정도에 비례하는 것일 뿐, 결코 절대적 단절을 의미하는 것은 아니다. 오히려 한 사회 속에서 각각의 사회제도는 상호침투성을 지니고 있다. 때문에 정치사회적 현실 속에서 종교제도와 정치제도의 관계 정립의 문제는 매우 민감하고도 어려운 문제들 중의 하나이다.

종교와 정치 사이의 '역동적' 관계에 관한 논의에서, 레빈(Daniel H. Levine, 1981)은 종교와 정치의 관계를 크게 3 가지 유형, 즉 융합(fusion), 분리(separation), 그리고 역동적이고 변증법적인 균형(dynamic and dialectical balance) 등으로 구분한 바 있다. 또한 로버트 벨라(Robert Bellha)는 그 관계를 융합(fusion), 분리(disjunction), 그리고 창조적 긴장(creative tension)으로 구분한 바 있다[3]. 그러나

---

[3] 지금까지 한국학계에서도 불교와 정치의 관계에 관한 기존의 연구는 긴장의 관계보다는 조화(혹은 화합)의 관계를 강조해 왔다. 특히 동북아시아 불교를 '국가불교'라는 다소 애매한 개념으로 규정하고 있는 논의는, 전자의 측면보다는 후자의 측면만을 일방적으로 강조해 왔다. 중국, 한국, 일본 등의 불교는 기본적으로 국가권력에 종속적인 국가불교이며 간혹 위정자보다는 민족국가 전체를 보호하기 위한 호국불교의 특성을 갖기도 했다는 논의가 그것이다. 그러나 현실적으로 불교와 권력의 관계는 기능적 관계만큼이나 갈등적 관계에 놓이기도 했거니와 심지어는 상반되는 두 가지 관계가 공존하기도 했다. 중국, 한국, 일본 등의 역사에서 여러 차례의 법난이 발생하였다는 사실은 이를 잘 말해 주고 있다.

이러한 유형론은 두 제도 사이의 힘의 균형 상태를 가정한 합의모델에 입각할 때 가능한 유형론이다. 만약 마치 나찌즘(Nazism)의 국면과 같이 힘의 균형이 어느 일방으로 쏠리는 경우 종교는 정치에 종속되거나 어용적 수단으로 전락할 수도 있으며, 사회주의체제의 경우처럼 소멸할 수도 있다. 또한 남미의 해방신학[4]이나 한국사회의 민주화 과정에서 나타난 한국천주교회와 정치의 관계에서 나타난 것처럼, 종교와 정치의 관계가 갈등관계에 놓일 수도 있다[5]. 이렇게 볼 때, 한 사회 속에서 종교제도와 정치제도의 관계가 어떻게 형성되어 있는가에 따라 종교권력은 다양하게 현상될 수 있다.

불교권력의 경우에도 예외가 아니다. 석가족의 왕자로 태어난 붓다가 석가족의 왕이 되기를 거부하고 출가하여 인천의 사표가 되었다는 사실은, 불교와 정치권력의 관계란 차원에서 볼 때, 매우 중요한 두 가지 의미를 함축하고 있다. 첫째는 인간사회의 문제들 중에는 세속적인 통치자가 해결할 수 있는 것도 있겠지만 그가 해결할 수 없는 것도 있으며, 바로 후자를 해결하는 것이 보다 중요함을 시사한다. 여기에서 세속적인 통치자가 해결할 수 없는 문제란 생로병사와 같은 삶의 궁극적인 의미와 관련된 문제일 것이며, 그러한 점에서 전통적으로 통치자가 아니라 종교인(제사장)이 관장하던 영역임은 두말할 나위가 없다. 바로 이러한 삶의 궁극적인 문제를 해결하는 것이 붓다

---

[4] 이는 종교와 정치권력의 갈등을 가장 잘 보여주는 역사적 사례로서, 오토 마두로(Otto Maduro)는 이를 근거로 종교와 사회의 관계를 갈등론적 관점에서 해석하는 종교사회학적 관점을 제시하여 세계적인 주목을 받은 바 있다. Id에 대한 자세한 논의는 오토 마두로/강인철 역(1988) 및 김녕(1996)을 참고하기 바란다.
[5] 김녕(1996)은 종교와 정치의 관계에 대한 풍부한 이론적 논의에 기초하여 민주화 과정에서 나타난 한국천주교와 정치의 갈등관계를 경험적으로 해명하고 있는 대표적인 연구 성과이다.

의 출가목표였으며, 그것은 세속적인 정치 이상의 가치를 지니는 것임을 의미한다. 이러한 시사점에서 우리는, 종교와 정치는 분리되어야 하며 나아가 다르마의 이치는 세속적인 통치 행위보다 상위에 위치해야 한다는 가르침(혹은 교훈)을 도출할 수 있다. 따라서 불교와 정치의 관계는 바로 이러한 가르침에 바탕을 두고 있어야 한다는 당위가 성립된다. 둘째, 붓다는 권력이 귀속적으로 결정되는 것을 부정했다는 것을 상징적으로 암시하고 있다. 실제로 귀속적 지위에서 도출되는 권력을 인정한 것이 아니라 오로지 자신의 업(행, 실천)에 의해 권력이 형성되는 것이라고 주장하였다(Ratnapala, 1992). 이는 당시로는 매우 혁명적인 선언이었음에도 불구하고 그는 실제로 승가공동체의 운영을 통해 그러한 선언을 실천해 나갔다[6]. 결국 이러한 사실은 권력이 사회구성원들에 의해 생성되고 만들어지는 사회적 상호작용의 산물임을 암시하며, 그러한 점에서 권력은 언제나 사회구성원들에 의해 상대화될 수 있는 것임을 강력하게 시사하고 있다.

이렇게 볼 때, 불교권력에 관한 논의는 이러한 두 가지 측면을 동시에 고려할 때 가장 잘 이해될 수 있음을 암시한다. 그리고 이는, '제정분리의 기초 위에 법의 이치를 세속적인 통치 행위보다 상위에 두는 것을 원칙으로 하지만(당위) 권력은 구성원들의 상호작용의 산물이기 때문에 그러한 관계조차도 정치적 상황이나 국면에 따라 달라질 수도 있다(현실)'라는 하나의 명제로 정리된다. 따라서 이 글에서도 우리는 불교와 정치권력의 관계를 기본적으로 당위적 관점과 현실적 관점, 그리고 그 긴장 속에서 논의하고자 한다.

---

6) 유승무(2005)는 이를 자세하게 논의한 바 있다.

III. 佛敎史上의 불교권력과 그 전형(轉形)

3.1 불교민주주의와 마하쌈마따(mahāsammata)

주지하듯이 붓다의 위대한 깨달음이란 바로 연기법의 발견이다[7]. 때문에 불교의 모든 교설들은 연기법을 벗어나지 않는다. 불교의 정치적 가치지향을 통상 '정법주의(正法主義)'라 부르는데, 이는 불교의 모든 정치적 판단근거가 연기법 즉 정법에 의거해야 한다는 것을 의미한다. 불교는 정치의 기원조차도 상의상관적 원리에 따라 설명하고 있다. 그 대표적인 예로 세기경에 나타난 정치의 기원을 보자.

"① 천지개벽 후에 인류가 발생하고 땅에서 나는 것을 먹기 시작하고부터 점차 인간미가 증대하여 남여가 따로 생기고 여아를 낳아 점차로 번식하여 성(城)과 읍(邑)을 형성하게 됐다. ② 인간은 다투어 벼를 수확하고 축적하고 있었는데 어떤 시기에 벼가 생기지 않고 뿌리만 남았을 때가 있었다. 그 때 당시의 인간들이 서로 상의하기를… '우리들 각자의 논밭을 구별하여 경계선을 만듭시다.'라고 했다. 그 결의에 따라 각자의 논밭을 타인의 논밭과 구별하게 됐다. ③ 그런데 어느 때 어떤 사람이 가지의 쌀을 소장하고 있는데도 타인의 논밭에서 곡물을 훔친 일이 있었다. … ④ 이 같은 일이 두 번 계속해서 일어났기 때문에 다른 사람들은 그를 많은 사람들 속으로 끌고 와 비난하면서 손 또는 지팡이로 때렸다. ⑤ 많은 사람들이 그 이야기를 듣고 괴로워하면

---

[7] "진리인 연기법은 여래인 내가 창조한 것도 아니고 또 다른 사람이 창작한 것도 아니다. 여래가 세상에 출현하거나 출현하지 아니하거나 진리인 법은 법으로서 확정되어 있는 바이다. 여래는 이 법을 깨달아 정등각을 이루었나니… (잡아함경, 12권)

서 울며 가슴을 치며 말하기를 … '논밭 경계의 구별이 있기 때문에 다툼이 생기는데 그것을 해결하고 판정해 주는 사람이 없다. 그렇기 때문에 우리들에게 공통의 주인을 세워 보호하고 선을 상주고 악을 벌하도록 하자. 우리는 각자 수익을 나누어 공통의 주인에게 공급(供給)하도록 하자.'라고 했다. … ⑥ 그 때에 많은 사람들 가운데에서 신체가 크고 용모가 단정하며 위엄과 덕이 있는 한 사람이 있었다. 사람들은 그에게 '우리들은 지금 당신이 우리의 주인으로 나서주기를 바란다.'라고 말했다. ⑦ 그 사람은 이 말을 듣고 그들의 청원을 받아들여 일동의 주인이 되어 칭찬할 사람을 칭찬하고 벌해야 할 사람을 벌했다. 이것을 '민주(民主)'라고 한다.[8]"

위의 인용문에서 ①은 욕망의 발생을 서술하는 문장이며, ②는 소유제의 발생을, ③은 이해관계와 관련된 부정행위의 발생을, ④는 갈등과 폭력의 발생을, ⑤는 정치제도의 탄생을, ⑥은 통치자의 선출을, ⑦은 그 통치자의 민주적 통치행위를 각각 서술하는 문장이다. 이렇게 볼 때 그리고 '인간의 불완전성과 복잡성에서 유래되는 인간과 인간의 대립·경합·투쟁을 적절하게 해결하여 사회의 통합을 이룸으로써 통합적인 질서를 형성·유지해 나가는 것을 정치라 한다면'(이극찬, 1981), 이 인용문은 정치의 본질 및 정치의 기원을 가장 잘 표현

---

8) 장아함경 제 22권(세기경 본연품 제 12)의 내용을 中村元(나까무라 하지메)가 요약한 것을, 분석 상 필요에 의해 번호를 삽입하여, 거의 그대로 옮긴 것이다. 물론 이 내용은 한글 대장경 중 세기경에서 인용할 수도 있고 다른 2차 문헌들에서도 많이 나타난다. 또한 나까무라 하지메에 따르면 이와 유사한 내용은 여러 경전들에 산재해 있다(中村元, 1999;150). 그럼에도 불구하고 굳이 나까무라 하지메의 요약문을 인용한 이유는, 내용번역의 신뢰성도 높다고 판단했을 뿐만 아니라 그 내용이 본 연구의 분석에 필요한 내용만을 적절히 포함하고 있었기 때문이다.

하고 있다. 그 중에서도 특히 ⑤⑥⑦은 붓다 당시부터 불교는 정치를 민주주의적으로 사고해 왔음을 잘 보여주고 있다. ⑤는 정치제도를 서술하는 문장인데, 그 내용은 지도자의 선출, 세금, 그리고 지도자의 급료 등에 대한 제도화로 이루어져 있다. 붓다 당시 인도의 정치제도뿐만 아니라 전 세계의 정치제도가 전제 군주제를 채택하고 있었다는 사실을 고려해 볼 때, 불교경전에 통치자를 선출하고 국민의 세금으로 그에게 봉급을 주도록 하는 제도화의 내용을 담고 있었다는 것은 우리의 주목을 끌기에 충분하다. 이는 불교야말로 처음부터 교리적으로 민주주의를 지향하고 있었음을 의미한다. ⑥은 지도자의 자질과 민중에 의한 지도자의 선출에 관한 문장이며, ⑦은 그 지도자가 민의를 반영하여 통치해야 함을 시사하는 문장이다. 이렇게 볼 때, 불교는 교리적으로 민주주의를 지향하고 있었음을 분명히 확인할 수 있다.

이상과 같이 정치의 기원 및 통지자의 출현을 대중들(혹은 그들의 합의된 요구)과의 관계 속에서 파악할 경우, 통치자는 비민주적으로 통치행위를 해서는 안 된다. 불교에서는 통치자를 '선출된 자'라는 뜻의 '마하쌈마따'라고 하는데, 만약 마하쌈마따가 민의에 반하여 비민주적인 통치행위를 할 경우, 그는 통치자의 직위에서 언제든지 쫓겨나지 않을 수 없다. "예를 들어 어떤 왕 혹은 왕의 대제상이라 할지라도, 극도로 포악하고, 사람들에 대하여 사랑하는 마음이 없고 다만 남을 억압하는데 전념하면, 구도자가 만약 힘이 있다면 동정심과 이익, 안락을 주는 마음을 갖고 그것에 머물러 그것을 기반으로, 그들이 많은 죄악을 저지르게 하는 그 왕위, 권세, 지배권으로부터 그들을 추방시킨다"(中村元, 1999). 이러한 경우를 경전에서는 '성륜이 사라지는 것'으로 상징화하여 표현하고 있다. 실제로 경전에서는 통치자는 항상 성륜이 하늘에 떠 있도록 지켜야 하는 불침번이 되지 않으면 안 된다고 말하고 있다.9) 이는 통치자의 권력이 사회계약에 의해 발생하며 또한 사회적으로 통제될 수 있음을 의미하는 바, 이는 한편으로는 계몽주의사상가 홉스의 사회계약설과 유사하지만, 다른 한편으로는 리바이어던 즉 통치자의 절대권을 인정하지 않았다는 점에서는 완전히 다르다.

문제는 마하쌈마따는 불교민주주의의 원리에 부합하는 이상적인 통치자의 상일뿐이고, 오히려 붓다 재세 시에도 대부분의 통치자의 정치행위는 민주적으로 이루어지지 않았다는 점이다. 오히려 당시의 정치현실은 민주화과정을 경험한 오늘날의 정치현실에 비해 훨씬 더 비민주적이었을 가능성이 농후하였다. 그러면 이러한 정치권력의 현실에 대한 초기 불교의 반응은 어떠하였는가?

3.2 정치권력에 대한 초기불교의 태도

붓다 재세 시 정치상황을 보면, 국제정치는 강대국이 약소국을 침략하여 지배하는 제국주의적 질서가 관철되고 있었고, 국내적으로도 국왕은 국민을 강압적으로 약탈하는 절대적 권력을 행사할 수 있었다. 다음의 인용문을 보자.

"세상 사람들은 부를 추구하나 왕은 국토의 확장을 원한다. … 국왕들은 전쟁을 일으켜 민중에게 재액을 가져오고 손해를 끼친다. 또 강대한 권력을 가지고 자의적으로 인민을 억압하며 괴롭힌다. 이점에서 왕은 도적과 다를 바가 없다. … 그들은 화가 났을 때 인민에게 벌을

---

9) 이에 대한 자세한 논의는 Ratnapala(1992)를 참고하기 바란다.

주는 일이 있다. 그러므로 그들을 화내지 않도록 하여 '너의 생명을 지 켜라'라고 가르친다." (中村元, 1999, 156)

다음의 인용문은 초기불교가 무소불위의 통치 권력이 행사되던 정치적 조건 속에서 어떻게 자신의 공동체를 지키고자 했는지를 잘 보여준다.

"원시불교에서는 국가권력에서 벗어나 자신들만으로 조용하게 이상적인 사회를 건설하려고 했으므로, 출가수행자가 국왕을 가까이하지 못하게 했다. 수행승은 깊은 생각도 없이 국왕을 가까이해서는 안 된다. '만약 비구가 왕궁에 들어가 문지방을 넘으면 바라이죄가 된다.' 부처님이 이와 같이 금계를 세웠으므로 수행승들은 계율에 따라 성의 문지방을 넘어서는 걸식하지 않았다고 한다(중략). 이처럼 초기 불교도는 가능한 한 국왕과의 접촉을 피하고 정치적 분쟁에 개입하지 않으려고 노력했지만, 국가는 권력 행사를 그 본질적 기능으로 삼고 국왕은 자의적·전제적 행동을 누렸기 때문에 교단에 대해 구가 혹은 국왕이 압력을 가할 수도 있다. 교단에 국왕이 간섭을 할 때 교단은 어떤 태도를 취했을까? (중략) 당시의 불교 교단은 국가나 국왕의 간섭을 가능한 한 피하려고 노력했지만, 아무래도 피할 수 없을 때에는 복종함으로써 마찰이나 알력을 방지했던 것이다. 그러므로 이처럼 세속적인 문제에 번민하지 말고 수행자들은 각자의 인격 완성에 노력해야 한다고 생각했다.[10]

---

10) 中村 元, 차차석 옮김, 1993, 『불교정치사회학』, 불교시대사.

이 인용문을 보면 세속적인 정치의 길과 수행자의 길은 다르며 정치와 종교는 분리되어야 함을 시시하고 있다. 그러나 제정분리는 두 가지 의미를 수반하고 있다. 한편으로는 정치와 종교가 긴장과 갈등의 관계로 맞설 수 있음을 암시하지만 다른 한편으로는 정치와 종교가 결탁하여 지배의 재생산에 기여하는 경우도 가능함을 암시한다. 전자의 가능성은 앞에서 언급했듯이 마찰과 알력을 피하는 방법으로 그 해결책을 찾았지만 후자의 경우는 다시 종교가 정치권력보다 우위를 점하는 경우와 종교가 세속정치에 예속되는 경우로 나누어질 수 있다. 그런데 정치권력이 막강할 경우 종교우위의 관계보다는 정치권력 우위의 관계가 나타날 가능성은 훨씬 커진다. 실제로 붓다 재세시, 붓다가 마가다왕국을 비롯한 여러 국가의 왕들을 지도했듯이, 종교가 정치권력에 우위를 점했지만 그 이후 특히 북전불교의 경우 불교가 정치권력에 예속되는 경우가 적지 않았다. 중국불교를 비롯한 동아시아 불교가 그 대표적인 사례이다.

3.3 동북아시아 불교의 전형(轉形)

주지하듯이 불교가 중국에 전래되었을 당시, 중국의 왕권은 인도의 왕권과는 비교할 수 없을 정도로 강했을 뿐만 아니라, 왕권이 종교보다 우위에 있었기 때문에 왕법(王法)과 불법(佛法)의 갈등이 문제화될 수밖에 없었다. 이에 적응하는 과정에서 탄생한 불교의 성격이 호국사상인데, 여기에서 호국사상이라 함은 왕권이나 국가에 종속적인 태도를 취하고 국가의 안위를 비는 주술적인 이념이다. 그리고 이러한 호국적 성격을 가장 잘 반영하고 있는 경전이 수당시대 중국에서 자생적으로 성립된 "인왕호국반야경(仁王護國般若經)"이다(권기종, 1998).

삼국시대 한국에 전래된 불교는 바로 이러한 호국불교였으며, 이러한 성격의 불교가 또 일본에 전해졌다. 때문에 세속적 정치권력에 대한 초기 불교의 태도는 불교가 중국, 한국, 일본 등 동북아시아로 전래되는 과정에서 상당한 변형을 겪게 된다. 무엇보다도 정치와 종교의 관계에서 종교우위의 관계가 정치우위의 관계로 변화된다. 다음의 인용문을 보자.

"법으로 국토를 이익 되게 한다. 이것은 비법에 의함이 아니다. 이 같은 법이 많은 왕은 능히 자신을 이익하게 하며 능히 타인을 이익되게 한다. 자신에게 이익이라는 것은, 만약 왕이 지계(持戒)하면 능히 국토를 지킨다. 계를 지키지 않으면 이는 불가능하다. 이것이 스스로를 이익하게 한다. 타인을 이익하게 함은 소위 사람이 법에 따라 행하지 않으면 그 사람을 법에 따르도록 한다. 왕이 이와 같이 하면 바로 국토를 지킬 것이다. 국토를 지키기 때문에 법, 재물, 명예 세 가지를 모두 얻게 된다." (中村元, 1999)

위의 인용문은 한편으로는 정법을 강조하면서도 다른 한편으로는 왕의 결정적인 역할을 인정하고 있다. 더 적극적으로는 왕이야말로 정법을 구현하는 주체이다. 나카무라 하지메(中村元)에 따르면, 이 같은 사상을 수용한 불교는 '국가를 수호하는 것'으로서 일본에 수용됨으로써 일본불교의 정치적 특성을 형성하게 되었다. 그런데 이러한 국가불교의 성격은 일본뿐만 아니라 한국과 중국 등 동아시아 3국의 공통적 특징이었다. 물론 종교와 정치의 관계에서 종교위의의 관계가 전혀 없었던 것은 아니다. 혜원(慧遠)의 "사문불경왕자론(沙門不敬王

者論)"은 이를 상징적으로 보여주고 있다. 그러나 남북조시대 이후에 이르면 종교우위의 관계는 거의 사라지고 만다(김상영, 1996).

이렇듯 불교가 정치권력에 예속적인 방식으로 관계를 맺게 됨에 따라 불교의 정치세력화는 불가피하게 되었다. 양무제의 경우처럼 지나친 호불주의자가 최고통치자일 경우 불교권력은 매우 높아지며 그 결과 후세 역사가들의 비난의 표적이 된 적도 있지만 반대로, 이른바 삼무일종(三武一宗) 법난처럼 불교권력이 처참하게 짓밟히는 경우도 존재했다.

이상의 논의를 통해 알 수 있는 것은 결국, 불교는 원칙적으로는 철저한 제정분리에 기초하여 불교권력을 추구하지 않도록 주의해야 하며, 불가피하게 세속정치와 관계를 맺을 경우에는 갈등이나 마찰을 피해야 한다. 특히 후자의 특성 때문에 현실적으로 불교는 정치권력과 긴장관계를 유지하기보다는 예속적인 관계를 맺는 경우가 많았다. 대승불교적 전형이 발생한 것이다. 그러나 혹은 바로 그렇기 때문에 불교, 특히 동북아시아 불교는 불교의 권력화 즉 불교권력의 추구로 나타나곤 했는데, 그러한 경로의존성의 결과는 부정적인 후폭풍의 수반을 결과하였다. 그 대표적인 역사적 사실이 바로 고려불교의 권력화와 조선의 억불이라는 역사의 반동이다.

IV. 한국불교사(韓國佛敎史) 상의 불교권력과 그 비판

앞에서 언급했듯이 수당시대 이후 강화된 호국적 성격의 불교는 삼국시대에 한반도로 전래되었다. 때문에 한반도에 전래된 불교는 태생적으로 호국적 성격을 지니고 있었고 처음부터 국가와 불가분의 관계를 가지고 있었다[11].

이처럼 북전불교를 토대로 출발한 삼국의 불교계는 국왕을 중심으로 한 통치집단의 영향을 남전불교보다 강하게 받았다. 허흥식(1992)에 따르면, 신라시대 불교권력의 상징은 국통(國統)이었는데, 이 국통은 황룡사의 주지를 맡았고 연등회와 팔관회를 주관하였으며 주통(州統)이나 군통(群統)의 임명에 관여하는 등 불교계의 인사행정에 막강한 힘을 가지고 있었다. 또한 그는 왕릉의 규모와 불교수용기가 겹쳐진다는 사실에 근거하여 불교가 왕권강화에 크게 기여하였을 것으로 추정하고 있다. 또한 신라시대 국가권력과 종교 사이의 관계를 가장 체계적으로 해석한 김두진(1998)은 신라 화엄의 원융사상과 왕권사이의 관계를 밝힌 논문으로서, 화엄사상이 전제왕권의 성립 및 강화에 기여하였다고 주장한다.

이러한 역사학계의 연구결과에 비추어 볼 때, 한국사회는 불교를 수용한 삼국시대부터 불교와 정치권력 사이의 관계가 매우 긴밀하였으며 동시에 불교권력도 상당히 높은 수준에 이르렀을 것으로 추정할 수 있다. 그리고 이러한 흐름은 역사상 대표적인 불교국가였던 고려시대로 이어졌음은 두말할 나위가 없다. 실제로 고려 태조는 팔관회를 베풀면서 '짐이 덕이 없는 사람으로서 왕업을 지키게 되었으니 어찌 불교에 의지하여 국가를 편안하게 하지 않으리요'라고 하면서 불교신앙으로 정치할 뜻을 밝혔고, 고려 말기의 왕인 공양왕까지도 '내

---

[11] 바로 이러한 이유 때문에 신라 혹은 고려시대 불교를 혹자는 국가불교라 개념화하기도 하고 혹자는 호국불교로 개념화하기도 하며, 또 다른 혹자는 호국불교와 국가불교를 구분하기도 하는데, 국가론 및 제도론에 비추어 볼 때 개념규정의 논리적 근거가 미약하고 설득력이 없다. 이에 이 글에서는 잠정적으로 호국적 성격 혹은 호국불교라는 개념을 사용하고자 한다.

가 부처와 신을 섬기는 것은 나라를 부하게 하기 위한 것이며 백성을 오래 살게 하기 위한 것이다'라고 할 정도로 왕실에서 불교를 중시했다(부남철, 1998).

그러나 혹은 바로 그렇기 때문에 고려시대에는 신라시대에 비해 승정(僧政)의 관리 시스템이 통일신라의 국통 일임체제에 비해 훨씬 더 제도화(관료제화)되는 경향을 보인다. 허흥식(1992)은 이를 다음과 같이 요약하고 있다.

"관단수계(官壇受戒)와 종파를 토대로 중세에는 승려의 자격을 엄격히 통제하였다. 또한 승과를 실시하여 합격자에게 단계적 승계(僧階)를 설정하고 점진적으로 이들에게만 주지가 될 자격을 주었다. 승록사(僧錄司)로 하여금 이들의 승적을 관장하고 예부와 이부에서 주지를 일반관료제도의 원리로 일원화시킴으로써 신라시대보다 훨씬 불교계의 독자적 승정은 위축되었다. 통일신라에서 중요한 기능을 가졌던 국통의 존재는 고려 초에 사라지는 대신, 불교계의 혁신적 사상을 대표하는 국사의 상징성은 더욱 부각되고 국사와 함께 왕사가 공존하는 이사제도(二師制度)가 확고한 형태로 존속하게 되었다. 고대와 달리 중세의 승정은 종파와 제도적 뒷받침을 토대로 관료제(官僚制)의 일부로서 운영되는 커다란 특색을 지니고 있었다. … 출가와 수계, 그리고 승과와 승계, 주지 임명 등 불교계의 승직자(僧職者)에 대한 철저한 통제와는 달리, 국사와 왕사에 대해서는 국왕을 능가하는 파격적인 예우로서 책봉함으로써 독특하고 자주적인 경향을 보여주었다고 하겠다."

이렇듯 안정적인 제도적 토대 위에서 매우 높은 상징적 권위(혹은 종교권력)을 지니고 있었던 고려불교가 말기에 이르면 서서히 쇠퇴하기 시작한다. 고려불교의 쇠퇴 원인에 대해서는 아직도 학계의 논쟁이 분분하지만, 고려불교의 권력화와 밀접하게 연관된 경건성 상실이나 퇴폐성 증가 현상이 그 원인의 하나로 작용했음은 이론의 여지가 없다.

"사회경제사가들은 불교가 많은 장원과 부를 축적하였으므로 이를 해체하여 군전으로 돌려야 할 필요성에서 불교가 탄압받게 되었다고 한다. … (그러나) 사원의 경제력이 비대해진 사실보다 이를 어떻게 사용되었는가에 초점을 두어야 하지 않을까 한다. 사원은 … 점차 권호(權豪)의 사유물로 전락하는 현상이 생겼으며, 특히 무신집권기부터 이러한 경향이 두드러진 예가 많아졌다. 고려 말의 사원은 부원세족(附元世族)의 제사(齊寺)로 사사화(私寺化)하는 경향이 점차 증가하였다. … 사원의 사사화 현상은 사원의 주지마저 권신의 친족으로 출가한 자에 의하여 좌우되는 현상이 증가하고 있음도 입증된다. … 고려후기 불교계는 전기와는 달리 점진적으로 정치세력과의 결탁이 두드러지게 나타났다. 승정에 있어서도 전기와 달리 일반관료적인 체계에서 불교계의 독자적인 승정체계로 독립하기 시작하였다. … 이러한 변화는 불교계의 권한을 강화시키는 일면이 있었으나 … 종파 간의 갈등을 촉진시킨 역기능이 컸다. … 일반관료의 일부로 운영되던 승정의 불교계에 의한 운영은 종파 간의 갈등을 증폭시키고 심각한 분열을 초래하였다. 새로운 제도의 운영은 그것이 불교계의 독립적인 기능을 증가시켰지만, 이를 운영할 만한 여건이 갖추어지지 않은 시

기에는 파멸을 촉진하는 계기로 나타나고 있었다." (허흥식, 1992)

위의 인용문을 보면, 고려 말 불교의 권력화 현상이 불교계의 권력을 강화시켜 주기는 하였지만(불교권력 상승), 궁극적으로는 고려불교 쇠퇴의 원인으로 작용하였음을 잘 보여주고 있다. 결국 고려불교의 정치적 성공 즉 고려불교 권력의 상승이 고려불교의 멸망을 재촉한 역사의 아이러니가 나타난 것이다.

"경신에 흥왕사의 낙성을 보았는데 모두 2,800컨으로 12년 만에 공역을 마친 것이다. 왕이 제를 베풀어 낙성하고자 하니, 제방의 승려들이 헤아릴 수 없이 모였다. 병부상서(兵部尙書) 금양(金陽)과 우가승록(右街僧錄) 도원(道元) 등에게 명하기를 계행이 있는 자 천 명을 택하여 법회에 참석케 하고 상주하게 하였다. 무진에 흥왕사에 다섯 주야 동안 연등대회를 특별하게 개설하는 한편, 조직을 내려 중앙의 모든 관청과 안서도호부, 개성부, 광주, 수주, 양주, 동주, 수주 등 다섯 주와 강화, 장단의 두 현으로 하여금 궐의 뜰에서부터 절문에 이르기까지 채붕(綵棚)을 꾸미게 하였는데 빗살처럼 나란하고 비늘처럼 잇닿아 끊임없이 서로 이어지게 하였으며, 연(輦)이 지나가는 길의 좌우에는 또한 등산(燈山)과 화수(火樹)를 이루어 밝기가 대낮같이 하게 하였다." (고려사, 세가(世家) 권8, 김상영(1998)에서 재인용)

위의 인용문을 보면 고려시대 불교와 왕실의 관계가 매우 밀접한 관계를 지니고 있었을 뿐만 아니라 불교권력이 무소불위의 힘을 자랑하고 있었음을 잘 보여주고 있다. 문제는 이러한 사례가 예외적인 현상이 아니었다는 사실이다. 고려시대의 경우 후대로 갈수록 사원경제는 더욱 확대되어 국가경제의 근간을 흔들 정도에 이르는데, 이는 불교권력이 지속적으로 성장해 왔음을 시사하고 있다. 이에 성종 대에 이미 최승로는 불교행사로 인한 재정 낭비, 민폐, 불교에서 운영하는 보의 폐단을 지적하기도 하였고, 심지어 '불교 때문에 나라가 망했다'라는 표현을 쓰기에 이르렀다.

그러나 고려후기에 이르면 이러한 불교권력에 대한 통렬한 비판이 사대부 계층으로부터 제출되기 시작한다. 여말선초 불교비판의 선봉에 섰던 정도전과 권근 등은 그 대표자였는데, 특히 정도전은 "불씨잡변"을 통해 불교를 전면적으로 부정하기도 하였다. 실제로 조선조는 성리학자들이 정치를 주도한 숭유억불의 시대였으며, 일제 이후부터 한국사회는 그야말로 다종교사회로 변모하였다. 이렇게 볼 때, 한국역사상 불교권력이 가장 뚜렷하게 나타난 시기는 불교전래부터 고려 말까지였던 셈이다.

이상으로 우리는 한국불교사를 불교권력화라는 측면에서 거시적으로 조망해 보았다. 요체는 다음과 같다 : 즉 세속적인 정치권력에 대한 초기불교의 태도가 중국불교를 거치면서 호국적 성격으로 전형을 겪었고 그것이 한반도로 전래되었기 때문에 삼국시대부터 한국불교는 왕실 및 정치권력과 밀접한 관계를 맺고 있었다. 비록 신라는 망하였지만 불교는 오히려 고려의 건국과 함께 더 융성하기 시작하였다. 그러나 고려불교는 무신정권 이후 무소불위의 정체세력화과정을 겪으면서 정치세력화에 성공하지만 바로 그러한 성공이 자신의 무덤을 스스로 판 셈이었다. 한마디로 불교권력화가 불교의 쇠퇴 및 멸망으로 이어진 셈이다.

V. 결론

이상으로 우리는 역사상에 나타난 장기지속의 불교권력 현상을 불교와 정치권력의 관계라는 정치사회학적 시각에서 추적해 보았다. 그 결과 우리는 세속권력에 대한 교리적 원칙과 그에 기초한 초기불교의 태도, 정치현실과의 타협으로 인한 대승불교적 전형, 호국불교의 손쉬운 정치세력화, 그리고 고려불교권력의 성공 즉 멸망이라는 '기나긴 고리'를 확인하였다.

이러한 작업을 통해 우리는 세속권력에 대한 불교교리적 입장, 그 전형 및 과정, 그리고 불교권력의 역사적 구체성의 근거를 일부라도 확보할 수 있었다. 그러나 이는 이 글의 부수적인 효과일 뿐이다. 이 글을 통해 우리가 노린 것은 권력화의 말로를 확인하고자 하는 것이었다. 실제로 이러한 권력의 아이러니는 인류역사가 증언하는 보편적 진리들 중의 하나이다. 이 글을 통해 확인했듯이, 불교권력도 예외가 아니었다.

물론 예나 지금이나 대부분의 출가자는, 불교교리 및 초기불교의 이상과 정치권력의 현실 사이에서 긴장이 발생할 경우, 쉽게 어느 일방을 결정하지 못하고 내적 갈등을 경험하지 않을 수 없다. 그리고 바로 그렇기 때문에 삼보를 호지하고 있는 집합적 총체로서 불교가 불교적 이상과 초기불교의 태도를 쉽게 무시할 수 없었을 것임은 자명하다. 그럼에도 불구하고 이 글은 마치 불교사 전체가 정치권력화의 역사인 것처럼 기술된 측면이 있다. 비록 불교권력에 집중한 글이기 때문이란 변명도 가능하겠지만, 이 점 이글의 한계임을 밝혀 두지 않을 수 없다.

또 하나, 이 글은 '지금 여기'의 이야기가 결코 아니다. 이명박 정부의 기독교 권력과는 물론 2008년 현재 조계종단의 불교권력과도 아무런 직접적인 관련이 없다. 아주 오래 전에 존재했던 이야기를 재구성한 것에 지나지 않는다. 다만 이것은 이 글의 태생적 한계-즉 타인에 의해 기획된 원고-임을 밝혀 둔다.

참고문헌

권기종, 1998, '수당시대 불교사상과 정치권력-인왕호국반야경을 중심으로-', 『역사상의 국가권력과 종교』, 역사학회 편, 일조각.

김 녕, 1996, 『한국정치와 교회-국가 갈등』, 소나무.

김두진, 1998, '신라 화엄의 원융사상과 왕권', 『역사상의 국가권력과 종교』, 역사학회 편, 일조각.

김상영, 1996, '한국불교 천년, 그 회고와 반성-종파불교, 국가불교, 결사운동의 역사를 중심으로-', 《석림논총》 제33집, 동국대학교 석림회.

부남철, 1998, '한국정치사상에 있어서의 정치와 종교', 《한국정치학회보》 제34집 3호, 한국정치학회.

유승무, 2005, '불교의 정치문화전통과 민주주의', 《한국학 논집》 제32집, 계명대학교 한국학연구원.

전성표, 1998, 『권력과 조직-교회 권력 관계의 이론과 실제』, UUP.

정천구, 1993, 『붓타의 정치・사회적 깨우침』, 보림사.

허홍식, 1992, '한국불교사의 과제와 방향', 『한국불교문화사상사』 卷上, 가산문고.

中村元/차차석 옮김, 1993, 『불교정치사회학』, 불교시대사.

中村元/석오진 옮김, 1999, 『종교와 사회윤리-고대 종교와 사회사상』, 경서원.

오토 마두로/강인철 역, 1988, 『종교와 사회갈등』, 한국신학연구소.

Ratnapala, R., 1992, *Buddhist Sociology*, Sri Satguru Publication, Delhi-India.

■ 논찬

유승무 교수의 "역사상의 불교권력"을 논하며

김흡영 교수
(강남대학교, 신학)

1.

나는 사실 이 논찬의 초청을 받고 망설였다. 왜냐하면, "불교"와 "종교권력"은 내 전공영역에서 다소 벗어나 있는 주제들이기 때문이다. 그러나 기독자교수협의회의 정회원이지만 오랫동안 모임에 참여하지 못한 부채를 탕감해야 할 필요도 있고, 무엇보다도 불자 교수들과 만나서 학술적인 대화를 한다는 역사적 중요성 때문에 초청에 승낙했다. 그러므로 이 논찬에는 적절성의 문제와 전문성의 한계가 있다는 점을 미리 밝혀둔다.

내 전공 영역은 기독교 조직신학, 더 정확히 말하면 구성신학이다. 구성신학(constructive theology)은 주어진 시대의 맥락성, 곧 21세기라는 포스트–모던적 과학시대의 정황이 가진 종교·문화·사회·경제적 변화와 도전에 대응하는 기독교 사상의 총괄적 패러다임을 구성하는 학술작업을 지칭한다. 그 중에서도 나는 아시아(특히 동북아)의 종교문화(신유교)와 과학기술의 발전에 특별한 관심을 가지고 있다. 동북아적 맥락, 즉 전통적으로 유교문화권에서 21세기 기독교 신학을 구성하는 작업에는 당연히 유교 및 동북아의 전통/토착 종교와의 종교 간의 대화, 종교문화적 전이해 등 소위 문화신학, 종교신학적 논의가 필수적으로 포함된다. 그런 의미에서 나는 한국 및 동북아의 불교와의 대화에 대한 중요성을 인식하고 있다.

아직도 서구학자들이 주도하고 있지만, 현대신학의 세계적 흐름을 나는 두 가지 유형으로 구분한다. 첫째는 로고스신학, 즉 전통적 신학(theo-logos)이요, 둘째는 프락시스 신학, 즉 해방신학을 주축으로 하는 실천적 운동신학(theo-praxis)이다. 전통적 신학인 로고스 신학은 희랍철학의 근본개념인 로그스를 신론의 근본-메타포로 사용한 후 발전되어 온 신학 패러다임을 말한다. 그의 핵심은 정통성 및 정론(orthodoxy)을 목표로 하는 교리이며, 따라서 형이상학적이고 주지주의적 경향을 가지고 있다. 반면에 프락시스 신학은 막강한 세력으로 주도해 온 로고스 신학의 이러한 주지주의적 약점을 비판한다. 원기독교는 교리보다는 하나님의 나라에 합당하는 역사적 공의와 사회정의의 바른 실천, 곧 정행(orthopraxis)에 있다고 주장한다. 이 로고스 신학과 프락시스 신학의 분리는 곧 이원론적 서구식 사고방식의 한계를 드러낸다. 로고스와 프락시스, 이론과 실천, 정신과 육체의 이원화가 신학에까지 연장확대된 것이다. 이 현대신학의 이원화는 동서남북 전 세계에 그야말로 글로벌하게 나타나고 있다. 한국신학사에서는 토착화(문화) 신학과 민중신학의 분리로 표출되었다.

이러한 서구신학의 한계를 극복하고 동북아적 맥락에서 그로발한 신학 패러다임으로 그동안 나는 '도의 신학(theo-tao)'을 제안해 왔다.

서구신학이 로고스를 근본-메타포로 채택하였듯이 동북아 사유의 중심개념인 도(道)를 동북아 구성신학의 근본-메타포로 사용하겠다는 당위성을 주장한 것이다. 또한 도는 그 파자가 의미하는 대로 로고스(首)를 실천하는 프락시스(辶)이며, 그 둘을 통전하는 종합적인 근본-메타포가 될 수 있어 로고스와 프락시스의 이원화를 극복할 수 있기 때문이다. 더욱이 성경에서 예수 그리스도는 교리의 정통성보다도, 사회정의의 혁명적 실천보다도, 생명에 이르는 바른 삶의 길, 곧 정도(正道, ortho-tao)를 가르쳐 주셨다. 도의 신학에서 보는 기독교 신앙(종교)은 교리(로고스)와 운동(프락시스)이라는 이원론을 극복하고 그들을 통전하고 아우르는 기독교적인 삶, 곧 그 도의 실천인 것이다. 로고스 신학(전통신학)의 정의가 전통적인 '이해를 추구하는 믿음'(fides quarens intellectum, faith-seeking-understanding)이고, 프락시스 신학(해방신학)의 그것은 '행동을 추구하는 소망'(hope-seeking-action)이라면, 도의 신학(theo-tao)의 정의는 '지혜(道)를 추구하는 사랑'(love-seeking-wisdom[tao])이다(김흡영 2000, 336-60).

2.

원시 기독교 공동체는 로마라는 절대적 정치권력의 핍박 속에서 잉태한다. 원시 기독교수난사는 제국의 조직적인 폭력에 짓밟히는 피와 순교의 이야기들로 얼룩진다. 정치권력의 감시와 탄압 속에 지하 카타콤으로 숨어든 기독교인 것이다. 그러나 지하종교로 있던 기독교가 콘스탄티누스 황제에 의해 갑자기 로마 제국의 국교로 등극한다. 그는 아무리 밟아도 꺼질 줄 모르는 기독교의 맹렬한 구심력을 로마제국의 재건에 사용하려는 정치적 의도를 가지고 있었던 것이다. 그때부터 기독교의 권력화는 구체화된다. 기독교는 영적권세와 세속적 권세를 동시에 움켜지고, 하나의 신국(Christendom)을 형성한다. 그러나 기독교사가 보여준 교훈은 그것은 하나님의 나라가 지상에 임한 것이 아니고, 일단의 집단(백인특권층사제)에 사유화에 활용되었다는 사실이다. 기독교 권력은 종교권력의 엄청난 만행을 자인한다. 십자군 운동, 마녀사냥, 종교전쟁, 종교재판, 등등. 프로테스탄트(개신교)의 출현은 이러한 종교권력의 만행에 대한 프로테스트(저항)운동으로부터 시작된다. 서양사는 그러한 기독교 유럽의 중세를 암흑시대라고 칭하며, 모든 타율적 권위를 타파하고 근대를 여는 계몽주의 혁명을 초래케 한다.

　현대신학은 이러한 기독교 권력에 대한 철저한 자기반성에서부터 시작한다. 권력을 가진 자들에게 사용당하고 농락당한 기독교 신학에 대한 철저한 자기반성인 것이다. 그래서 대두된 것이 '의심의 해석학'(hermeneutics of suspicion)이다. 제3세계 해방신학과 제1세계 정치신학은 칼 마르크스의 계급이론과 사회비판을 통해 제1세계 백인 중산층에 의해 사유화된 교회와 교리신학을 비판한다. 흑인신학과 여성신학은 백인 남성의 영속적 지배를 합리화하기 위하여 왜곡된 전통신학을 비판한다. 또한 다른 신학자들은 탈식민지, 오리엔탈리즘 비평을 통해 서구신학의 잔재하고 있는 제국주의적, 오리엔탈리즘적 요소들을 폭로한다. 소위 기독교 신학 안에 내재한 종교권력에 대한 음모 및 독소조항을 철저히 파헤쳐내서 해체하는 것이 현대신학의 한 중요한 작업이었던 것이다. 급진적 해방신학자들은 이러한 신학적 수정작업을 넘어서 사회적 혁명운동으로서 구체적 이념(ideology) 정립이 필요하다고 역설한다. 대부분의 현대 기독교윤리학자들이 동의하는 것은 집단에 의한 구조악(structural evil)이 개인적인 죄악보다 훨씬 복잡하고, 어려운 문제들을 내포하고 있다는 점이다. 구조악의 제거나 변화는 개인들이 회개하고 용서를 빌면 끝나는 차원을 넘어 그 현상학이 매우 복잡다단하여 개인적 차원을 넘는 조직적이고 체계적인 대응이 필요하다는 것이다.

이러한 세계 신학의 흐름에서 보면, 아직도 권력화를 지향하고 있는 한국 기독교는 기독교 역사의 흐름을 거꾸로 역행하고 있다고 할 수 있다. 물론 다른 종교에 비해 극히 짧은 역사가 어느 정도 당위성을 줄 수 있는 것도 사실이다. 그러나 이미 한국 기독교는 전통종교문화의 포위 아래 생존을 위해 투쟁해야 하는 소수종교가 아니라, 아직 정체성의 문제가 남아 있지만, 오히려 한국사회에서 다른 종교들과 거의 대등하게 영향력을 가진 위치를 확보하고 있다. 기독교는 한국 땅에서 이미 하나의 '종교권력'이라는 구조를 형성하기 시작하고 있는 것이다. 더 이상 기독교는 '다윗'이고, 주변 상황이 '골리앗'이라는 전투적 수사학은 한국 땅에서 더 이상 타당성을 가지지 못한다. 그럼에도 불구하고 아직도 대형교회에서 이러한 전투적 수사학이 소영웅적으로 신화화되어 선교전략으로 설교되고 있는 것을 볼 때 매우 아쉬운 일이다.

3.

그러나 한국에서 200백여 년밖에 안 되는 짧은 역사를 가진 기독교는 종교권력으로서 그 지지기반이 불교에 비해 매우 허약하다. 아마도 불교가 현재 한국 최대의 종교적(종단적) 권력기반을 가지고 있을 것이다. 불교는 그 역사도 기독교에 비해 엄청나게 길다. 그 지지기반의 뿌리는 몇 번의 역성혁명이 일어나도 뽑히지 않았을 정도다. 이러한 생각을 하면서 발제자의 글을 흥미롭게 읽어보았다. 전공이 아닌 주제들이지만 논찬자로서의 책무를 하기 위해 다음과 같은 질문들을 나누면서 대화를 시작하고자 한다.

1) 제2절, "개념적·이론적 논의" 중 발제자는 "성직자가 그 신도에 대하여 종교적 영향력을 발휘하는 행위나 과정은 불교권력에서 배제한다."라고 했는데(이 책 26쪽), 이것은 성직자에게 면죄부를 주는 것으로 오히려 종교권력의 중요한 근본적이고 핵심적인 논의를 제한하고 있는 것이 아닐지? 성직자 집단에 의해 '다르마'에 대한 해석이 독점화되고, 사유화되어 그것이 특정한 권력의 합리화에 사용되었을 때 어떻게 대처할 것인지? 기독교의 역사에서 보면, 종교개혁은 바로 이와 같은 사제집단의 진리(道)에 대한 독점권의 남용에 대한 프로테스트이며, 개혁이다. 개신교(Protestant)는 바로 이에 대한 끊임없는 개혁정신을 그 기본 강령으로 해서, 민주주의와 삼권분립이라는 체크 앤드 밸런스(check-and-balance) 시스템을 형성케 했다. 더욱이 이미 언급한 바와 같이 현대신학의 대부분은 일부 집단에 의한 종교권력의 사유화에 대한 비평으로부터 시작한다.

2) 발제자는 불교권력에 관한 개념적 논의를 "제정분리의 기초 위에 법의 이치를 세속적인 통치 행위보다 상위에 두는 것을 원칙으로 하지만(당위) 권력은 구성원들의 상호작용의 산물이기 때문에 그러한 관계조차도 정치적 상황이나 국면에 따라 달라질 수도 있다(현실)"라고 정리했는데(이 책 29쪽), 이 대목이 흥미롭다. 왜냐하면 이것은

미국의 기독교 윤리학자 라인홀드 니버의 주장과 유사하기 때문이다(Reinhold Niebuhr).

니버에 있어서 기독교라는 도의 궁극적(ultimate)인 목표는 신약성경의 산상수훈에 나타난 아가페(무조건적인 자기희생)적 사랑을 실천하는 데 있다. 그러나 집단에 의해 구조악이 지배하는 현실세계에서 이러한 개인적 아가페 사랑의 성취는 불가능하다. 그래서 준 궁극적(penultimate) 대안으로 사회정의(justice)를 실제적으로 구현하는 데 초점을 맞춘다. 현실적으로는 사회정의의 측면에서 대응하되 궁극적으로는 아가페를 향해 수렴해 나간다는, 사랑과 정의의 변증법을 제안한다. 그러나 니버의 이 변증법적 윤리는 그냥 순수한 사변으로만 끝나지 않는다. 구조악이 펼쳐내는 끈질긴 악순환의 고리를 깨는 구체적인 대안, 곧 기독교 사실주의(Christian realism)를 제안한다. 그러나 해방신학은 이러한 변증법적 리얼리즘 자체가 제1세계적 이상주의의 요람 속에서 꿈꾸고 있다고 비판한다. 중남미의 절대빈곤을 초래한 시장경제적 구조악의 현상학은 그러한 이상주의적 개혁을 넘어서 사회시스템의 완전한 혁명을 요구한다고 해방신학자들은 주장한다.

이런 맥락에서 나는 당위와 현실의 변증법적 긴장관계를 구체적으로 어떻게 적응해 왔는가에 대한 역사를 통해본 불교의 입장과 구체적인 사례들을 묻고 싶다. 또한 이와 관련하여 한국의 민주화 투쟁과 더불어 나타났던 '민중불교'운동이 한국불교사를 불교권력화라고 보는 측면에서 어떻게 조망할 수 있는지 문의하고 싶다.

4.

발제자는 "한국불교사를 불교권력화라는 측면"에서 다음과 같이 요약한다.

"세속적인 정치권력에 대한 초기불교의 태도가 중국불교를 거치면서 호국적 성격으로 전형을 겪었고 그것이 한반도로 전래되었기 때문에 삼국시대부터 한국불교는 왕실 및 정치권력과 밀접한 관계를 맺고 있었다. 비록 신라는 망하였지만 불교는 오히려 고려의 건국과 함께 더 융성하기 시작하였다. 그러나 고려불교는 무신정권 이후 무소불위의 정체세력화과정을 겪으면서 정치세력화에 성공하지만 바로 그러한 성공이 자신의 무덤을 스스로 판 셈이었다. 한마디로 불교권력화가 불교의 쇠퇴 및 멸망으로 이어진 셈이다.(이 책 42쪽)"

이 결론은 간단해 보이지만 상당한 속내를 내포하고 있는 듯하다. 한국불교사를 통해 볼 때, 한 종교의 지나친 권력화 및 세력화는 곧 자기 무덤을 파게 되고 결국 쇠퇴와 멸망으로 귀결된다는 예언자적 경고의 메시지를 담고 있다.

그러나 이미 살펴본 바와 같이 기독교사에서도 이 명제는 어느 정도 성립하고 있다. 기독교의 절대권력화를 달성한 유럽 기독교사의 '신국'이라는 역사적 실험의 결과는 역설적으로 '하나님의 나라의 정의와 공의가 임함'이 아닌 오히려 '암흑시대'의 도래였던 것이다. 그후 기독교 신학의 초점은 항상 권력을 포함한 모든 힘의 절대화, 곧 우상화에 대한 저항으로 점철된다. 신학의 목표는 바로, 그것이 어떤 역사적 모습을 하고 있든 간에, 그 우상을 타파하라는 '제일계명'을 지키는데 있다. 그 힘은 비단 정치권력만을 의미하지 않는다. 정치적으로는 어느 정도 투명한 오늘날에는 정치보다는 오히려 비밀스럽게 숨어 있는 익명의 힘들 그리고 그 역학에 관심을 가진다. 모든 분야에 숨어 있는 힘의 종속적, 계층적 족보를 파헤치고 권력관계를 상대화한다. 성직자-평신도, 백인-흑인, 남성-여성, 가진 자-가지지 않는 자, 강자-약자, 서양-동양, 등등. 종교의 핵심 상징들에 대한 극도의 파편화와 해체의 위험성에 불구하고 신학은 끊임없이 자기 껍질을 베끼고 있다. 근대(modern)신학이 그랬고, 탈근대(post-modern)신학은 이 기획을 더욱 가속화하고 있다. 탈제국주의비평(postcolonial criticism)의 뜨거운 용광로를 근근이 통과하고 있는 현대신학은 문화적 종교권력이 오히려 정치적 종교권력보다 끈질긴 내구성을 가지고 있고 음흉하다는 통찰에 이르렀다. 바로 옆에서 모든 정치권력을 동원한 모택동의 문화혁명을 이긴 공자의 유교문화가 한 대표적인 사례다. 또한 얼마 전 작고한 에드워드 사이드가 고발한 동양을 문화적으로 공략한 서구의 오리엔탈리즘 비평이 또 다른 그 대표적인 예다.

그렇다면, 한국사회에서 기독교의 종교권력과 불교의 종교권력을 어떻게 대비할 수 있을까? 만약 정치경제적으로 기독교가 우세하다고 할지라도, 결코 그렇지 않겠지만, 감히 기독교가 불교의 문화적 종교권력을 상대할 만한 실제적인 실력을 가지고 있을 것인가? 솔직히 말해서, 나는 그렇지 않다고 본다. 불교가 천년 이상 묵은 국보로 지정받은 은행나무라면, 기독교는 이제 겨우 그 옆에서 뿌리를 내리고 관광객의 눈을 끄는 백년 된 수입산 무화과나무 또는 감람나무에 불과하다. 하여간 오늘의 정황은 여러 가지로 의미심장하다.

세계 종교권력의 최고 상징인 로마 교황청을 배경으로 한 한국가톨릭정의구현사제단은 한국최대의 기업을 도덕성의 문제를 가지고 고발했다. 그러나 한국 종교권력의 실질적인 최고 실력자라고 할 수 있는 한국조계종의 원로회의와 원불교종단에서는 국가의 안녕질서를 위해 그 기업에 대한 특감조사를 조속히 매듭짓기를 주문하고 있다. 어느 쪽이 종교권력에 대한 올바른 입장을 견지하고 있는 것일까?

이러한 물음에 대한 예수 그리스도의 대답도 애매했다. 황제에게 세금을 바치는 것에 대해 묻는 제자에게 예수는 "가이사(황제)의 것은 가이사(황제)에게, 하나님의 것은 하나님에게 바치라"(마 12:17)고 대답했을 뿐이다. 그러나 십자가에서 보여준 예수 그리스도의 권력에 대한 대답은 자기버림으로 공중의 권세를 이기는 자기비움(kenosis), 곧 탈권력적 역(逆)의 역설적 힘의 방법론이었다. '도의 신학'으로 말하면, 인위적인 힘(권력)의 축적이 아니라, 오히려 완전히 힘을 포기하고 도의 신인간우주적 흐름(궤적)에 동참하는 자기던짐이다. 그러한 탈(반)권력적 자기던짐은 우주적 화평과 사랑과 자비를 성취하는 근원적 힘을 잉태한다. 마치 고향으로 돌아가기 위해 막힌 시멘트 댐 위로 비상하는 연어에게 부여된 힘 같이….

5.

사실 오늘날 종교권력에 대한 뼈아픈 비판은 논란이 많은 사회생물학으로부터 나오고 있다(김흡영 2006, 101-11, 12-23). 옥스퍼드의 과학자 리차드 도킨스(Dawkins)는 진화론에 근거하여 생명의 실체는 "유전자"이고, 그것은 무자비할 정도로 철저하게 "이기적"이라고 주장한다. 그에 의하면, 인간은 이기적 유전자가 복제를 최대화하기 위하여 만들어 놓은 정밀한 로봇 생산기계라고 정의한다. 생명체의 실체가 유전자라면, 문화의 실체는 밈(meme)이라고 그는 가정한다. 밈도 이기적이어서 자기 복제를 위해서는 수단방법을 안 가린다. 기독교와 불교가 내세우는 사랑과 자비라는 이타주의는 사실상 허구이며 그들의 종교적 밈을 최대로 퍼뜨리기 위한 전략이라는 것이다. 생명체가 유전자의 생산기계라면, 사제와 승려는 종교라는 밈의 생존기계이며, 독신주의는 호교를 위한 종교의 거대한 밈 복합체의 얄미운 책략이라는 것이다. 그리고 도킨스는 강력하게 종교적 맹신을 공격한다.

> 맹신은 어떤 것도 정당화할 수 있다. 만약 사람이 다른 신을 믿고 있으면 아니, 만약 사람이 같은 신을 믿는데 다른 의식을 쓴다면 다만 그것만으로도 맹신은 그에게 사형을 선고할 수 있다. 십자가에 매단다, 화형을 한다, 십자군의 검으로 찌른다, 베이루트 노상에서 사살한다, 벨파스트의 술집에 있는 것을 폭탄으로 날린다. 무엇이든 닥치는 대로이다. 맹신이라는 밈은 몸에 밴 잔인한 방법으로 번식해 가고 있다. 애국적, 정치적 맹신이든, 종교적 맹신이든 상기의 성질은 똑같은 것이다(도킨스 297).

도킨스의 이기적 유전자, 특히 밈에 관한 주장은 아직 검증받지 않은 가설에 불과하다. 그러나 솔직히 말해서 우리는 교회 안에서 이와 같이 이기적 유전자와 밈 같은 이타주의의 가면을 쓴 악랄한 개인적 그리고 집단적 이기주의를 얼마든지 찾아 볼 수 있다. 현상적으로 도킨스의 분석이 타당한 점이 없지 않다. 그리고 종교적 밈, 특히 맹신에 관한 이러한 도킨스의 혹독한 비판은 오직 기독교에만 해당되는 것일까? 한국불교는 그러한 비판에서 온전히 자유스러울 수 있을까. 어떤 종교권력이든, 그것이 잘못 사용되었을 때는 어떠한 권력보다도 위험하고 음흉하고 잔인한 것이 아닐까?

탐진치의 죄성에서 벗어나지 않는 한 종교인은 언제든지 그러한 비판의 가장 우선적인 표적이 될 것이다. 그것은 어떻게 보면 종교인의 당연한 업이기도 할 것이다. 이러한 생각들에 대해 불교학자들과 진솔한 대화를 나누고 싶다.

참고문헌

김흡영, 2000, 『도의 신학』, 다산글방.
김흡영, 2006, 『현대과학과 그리스도교』.
Dawkins, Richard, 홍영남 역, 1993, 『이기적 유전자』, 서울: 을유문화사.
Niebuhr, Reinhold, 1996, *The Nature and Destiny of Man: a Christian Interpretation*, 2 vols., Westminster/John Knox.

2. 기독교 역사에서 본 종교의 권력화

손규태 명예교수
(성공회대학교, 신학과)

I. 서론

　세계의 고등종교들은 예외 없이 국가와의 밀접한 관계들 가운데서 자기의 정체성을 확보해 나갔다. 종교들은 국가종교로서 국가와의 호혜적 관계에서 다양한 혜택을 누릴 수 있으나 동시에 자신들의 고유한 정체성을 상실하는 대가를 치르기도 하며, 국가들과의 대립적 관계에서 박해를 당하기도 하지만 자기의 고유한 정체성을 확실하게 보존해 나가기도 했다. 말하자면 한편으로 국가와 종교의 호혜적 관계에서 그 종교의 신은 국가와 군주의 수호자가 됨으로써 종교는 국가의 권위와 통치수단의 도구로 전락하게 된다. 그 반대로 국가와 종교의 대립적 관계에서 그 종교의 신은 국가와 통치자의 심판자가 됨으로써 국가의 반대세력들인 민중들이나 그들의 세력의 지원자가 되기도 한다. 그러면 세계의 고등종교중의 하나인 유대교나 그 뿌리에서 탄생한 기독교는 국가세력과는 어떤 관계에 있는가? 유대교나 기독교의 신은 바빌로니아나 이집트의 신들처럼 국가나 통치자의 신이 아니라, 오히려 그들의 통치 가운데서 신음하고 고통당하는 백성(민중)들의 신으로서 국가와는 대립관계에 있었다. 따라서 야훼 하나님은 국가나 그의 통치세력의 신이 되거나 상호 유착관계에 있지 않고 독립적이며 독존적인 신이었다. 그는 오히려 힘없고 약하여 이집트의 노예상태에 있는 이스라엘을 자기의 파트너로 선택했고(그래서 너희를 나의 백성으로 삼고, 나는 너희의 하나님이 될 것이다. 그러면 너희는, 내가 주 곧 너희를 이집트 사람의 강제노동에서 이끌어 낸 너희의 하나님임을 알게 될 것이다 출 6:7), 그 중에서도 제왕이나 귀족을 상대하지 않고 버림받은 "땅의 사람들"이나 민중들을 자기의 구원의 대상으로 삼았다. 이것이 야훼신의 특성이며 동시에 강점이기도 하다.

그러나 이러한 독특한 특성을 가진 야훼종교와 거기에 기원을 가지고 팔레스타인에 탄생한 기독교는 이러한 야훼신의 정체성을 역사적 과정에서 어떻게 지켜나갈 수 있었는가? 이 글에서는 기독교의 2000년 역사에서 그 정체성을 상실하고 지배자와 특권층의 종교가 되어 그 본래적 사명을 상실했던 과정을 몇 가지 도식을 통해서 살펴봄으로써 오늘날 한국 기독교의 현실을 성찰하고자 한다.

II. 국가와 종교의 종합(콘스탄티누스 모델)

로마 황제 데오클레티안과 그의 후계자들에 의해서 감행되었던 마지막 기독교 박해에 이어서 기독교는 새로운 시대를 맞이한다. 로마 국가가 기독교를 말살하려던 정책이 실패한 다음 남은 길은 기독교를 승인하거나 아니면 적어도 기독교에 대해서 관용을 베푸는 것이었다.

이러한 로마 국가의 종교정책은 313년 콘스탄티누스와 리시니우스 황제에 의해서 채택되어 기독교가 로마제국의 공적 종교로 인정되었다. 말하자면 로마의 식민지인 팔레스타인의 한 적은 마을에서 태어난 예수의 종교는 3백 년 동안의 꽤 긴 시간 동안의 어려운 과정을 거쳐서 마침내 당시 세계의 중심이라 할 수 있는 로마 국가의 거의 전 지역에 확산되었을 뿐만 아니라 여러 차례의 길고 고통스러운 박해들을 거쳐서 마침내 공적으로 인정받은 종교가 된 것이다.

콘스탄티누스 대제(306~337년)의 종교와 교회정책은 종교와 국가 사이의 관계설정에 매우 결정적이었다. 말하자면 그는 기독교를 통해서 국가교회체제를 만드는 방향으로 정책을 수립해나갔다. 325년 그의 경쟁자였던 리시니우스를 제거한 다음부터 콘스탄티누스는 가톨릭교회에게 엄청난 특혜를 주었고, 자신을 그리스도인으로 자처했으며, 자기의 아들들과 국민들을 기독교적으로 교육하게 했다. 그렇지만 그는 매우 영리하게 이교들을 포용했고 따라서 기독교나 이교들이 다같이 황제에게 충성하게 만들었다.

그러나 로마 국가에 의한 이러한 기독교의 승인은 단순히 기독교 자체의 승리는 아니었다. 이러한 기독교의 승인은 로마 국가가 갖는 내재적 원리에 따라서 전개되었다고 할 수 있다. 다신론적 로마국가의 상황에서 기독교는 그들과 나란히 병존하는 것을 용인하지 않았다. 다른 종교들이나 사상들에 대해서 기독교는 매우 비관용적이어서 기독교는 313년의 상황을 급속하게 뛰어넘었다. 기독교는 박해받던 종교에서 박해하는 종교가 된다. 기독교는 허락된 종교(religio licita)에서부터 로마국가에서 자신의 유리한 조건들을 만들어가기 위해서 율리안 황제시대의 과도기 내지는 휴전기를 거쳐서 데오도시우스 황제시기에는 다른 종교들에 반격을 가해서 독존적 존재가 되었다. 이러한 기독교의 국가종교화는 로마 국가 안에서는 다른 종교들, 즉 이교적 종교들에 대한 억압을 의미했다.

이러한 사태 발전은 기독교의 내적 발전에 미친 영향과 결과는 엄청난 것이었다. 기독교는 상처를 입지 않고 승리한 것은 아니었다. 일차적으로 로마국가와 생사를 건 투쟁에서 얻어낸 승인과 특권은 기독교로 하여금 그리스 로마 시대의 일반화되어 있던 황제숭배를 받아들여야 했고 따라서 정치세력인 황제의 지배와 통제를 용인하지 않을 수 없었다. 이러한 로마 국가의 황제숭배를 용인하게 된 것은 야훼라는 창조신이며 유일신을 숭배하던 기독교인들에게는 매우 심각한 것이었지만, 기독교회는 그것이 가져올 치명적 결과들에 대해서 커다란 성찰 없이 받아들였던 것으로 보인다. 이러한 황제숭배의 용인은 그동안 로마국가의 기독교박해와 관련된 것으로 보인다. 우선 기독교 지도자들은 끔찍한 박해에서 벗어난 것에 안심했을 것이며, 그 다음 어느 정도 정치적 세력으로 등장한 교회가 그것이 가져올 정체성 상실에 대해서 무감각했을 수도 있을 것이다.

그 다음으로 로마 국가 황제는 교회의 내적 통일에 대해서 의심을 가졌다. 이러한 의심은 로마 국가 안에 존재했던 분파주의들이나 이단들과 관련되었다. 왜냐하면 우리가 잘 아는 대로 당시 기독교 안에는 다양한 신학적 교리적 방향을 가진 분파주의자들과 이단들이 병존했었기 때문이다. 무엇보다도 콘스탄티누스 대제 시대에 심각하게 나타났던 아리안주의 논쟁(318~381년), 즉 교리적 논쟁은 교회 자체의 힘으로써는 해결할 수 없었고 결국 황제세력의 중재 내지는 통제를 받아서 해결되었다. 그 결과물로서 나온 것이 곧 황제에 의해서 주관된 니케야 공의회와 거기서 나온 니케아 신조이다.[1] 이러한 기독교에 대한 국가의 간섭은 결과적으로 이후 기독교 정체성과 발전에 적지 않은 영향을 주었다.

셋째 기독교와 고대의 문화의 종교적 혼합이 일어났다. 문화사적으로 볼 때 그리스 로마 시대는 기독교화 된 시대라고 규정할 수도 있다. 이러한 기독교와 정치적 문화적 종합은 초기 기독교의 도덕적 엄격주의와 타계적 신앙으로부터 일탈하여 세속화되는 방향으로 나가게 된다.

이른바 콘스탄티누스적 전환(Die Konstantinische Wende)이라고 할 수 있는 기독교와 로마국가의 통합 내지는 종합은 물론 로마 국가의 삶의 전체적 상황을 바꾸어 놓기도 했지만 동시에 기독교의 정체성의 변화에도 커다란 영향을 주었다. 기독교는 더 이상 박해 받는 종교가 아니라 박해하는 종교로, 더 이상 비특권적 종교가 아니라 특권적 종교가 된 것이다. 기독교는 더 이상 가난하고 억눌린 민중의 종교가 아니라, 부유하고 군림하는 지배자의 종교가 되었다. 기독교는 더 이상 광야에서 자기를 계시하던 야훼 하나님의 종교가 아니라 궁정이나 거대한 성당에서 자기의 거처를 두고 있는 신의 종교가 되었다. 기독교는 더 이상 억압받고 고통당하는 노예들을 해방하는 하나님의 종

---

[1] 니케아 공의회는 동방교회와 서방교회가 공히 인정하는 일곱 개의 공의회 첫 번째 공의회이다. 이때부터 교회의 공의회는 로마국가의 직접적 간접적 간섭과 영향 아래서 제반 헌법, 교리, 도덕, 제의 등 중요한 사안들을 결정하는 수단이 되었다. 일곱 개의 에큐메니컬 공의회들은 다음과 같다. 1차 공의회(장소 : 니케야, 일시 : 325년, 주된 안건 : 기독론), 제2차 공의회(장소 : 콘스탄티노플, 일시 : 381년, 주된 안건 : 삼위일체론), 제3차 공의회(장소 : 에베소, 일시 : 431년, 주된 안건 : 네스토리우스 정죄), 제4차 공의회(장소 : 칼케돈, 일시 : 451년, 주된 안건 : 그리스도의 두 본성론), 제 5차 공의회(장소 : 콘스탄티노플, 일시 : 553년,) 제6차 공의회(장소 : 콘스탄티노플, 일시 : 680/81), 제7차 공의회(장소 니케야, 일시 : 787, 주된 안건 : 성상문제).

교가 아니라, 노예들을 두고 부와 영예를 누리는 억압자들과 지배자들의 종교가 되었다.

이렇게 기독교와 로마국가의 종합을 가져온 콘스탄티누스적 전환 이후 기독교는 특권을 누리는 종교로서 로마 국가 안에서 자신들의 특권을 보존하고 강화하는 제반 법적 정치적 체제를 강화해 나가는 길로 나아가게 되었다. 따라서 로마의 법은 교회의 법을 제정하는 데 기초가 되었을 뿐만 아니라 상호 보완관계에 있게 되었다. 그리고 교회의 조직과 질서도 지배자의 종교에 상응하게 계층적으로 만들어졌다. 교황을 수장으로 하는 피라미드식의 교회조직과 그것을 보장하기 위한 제반 교회법은 물론 이것을 이론적으로 뒷받침하는 여러 교리체제들이 만들어진다.

III. 국가의 영토확장정책과 선교정책의 종합(칼 대제의 모델)

로마황제 콘스탄티누스 하에서의 국가와 기독교의 종합 이후 기독교는 5세기경의 게르만 족들의 침입과 7세기의 아랍인들의 침입으로 여러 가지 면에서 어려움과 함께 기회를 얻게 된다. 그 중에서도 아랍인들(이슬람 종교)은 동방 기독교의 중심지였던 소아시아와 북부 아프리카를 장악함으로써 초대교회의 대교구를 형성했던 지역들을 장악한다.[2] 7세기 중엽에 지중해 연안지역으로 들어온 아랍인들은 강력한 힘과 전투적 선교의지를 가지고 두개의 전선을 통해서 그리스

---

2) 초대교회의 다섯 개의 대교구들은 동방지역에 속해있던 북아프리카의 알렉산드리아 대교구, 소아시아의 콘스탄티노플 대교구, 에베소 대교구, 예루살렘 대교구, 그리고 서방지역의 로마 대교구를 들 수 있다. 이슬람 세력은 그 중에 동방에 있는 4개 교구를 장악했다.

로마의 문화권의 동부와 서부 반쪽 가운데 남쪽일부를 차지하게 된 것이다. 아랍인들은 7세기 이후 동방에서는 동서양의 경계선인 콘스탄티노플(지금의 이스탄불)까지를 점령하고 아프리카 북부 전체를 차지한 다음 일시적으로는 크레타, 시실리아, 사르디니아, 스페인의 남중부를 차지했었다. 이렇게 됨으로써 기독교는 동부지역과 아프리카지역의 수많은 교회들을 상실하고 그 중심을 서부에 남아 있던 대교구인 로마로 옮기지 않을 수 없게 되었다. 이슬람의 지배하에 있던 대부분의 국가들에서 그 이후에도 기독교는 존속되었지만 이슬람 세력에 굴복 당함으로써 기독교는 그 힘을 상실하게 되거나 시간상의 차이를 두고 이슬람에게 완전히 흡수되었다. 지금의 터키지역이나 북아프리카 지역은 초대교회 당시에는 전부 기독교화 된 지역이었으나 당시 회교도들에 의해서 점령당함으로써 오늘날까지도 회교도들의 국가들로 남아 있다.

이러한 이슬람의 도전이라는 상황에서 서방에서의 정치적 교회적 반작용이 일어났고 그 파급효과는 엄청난 것이었다. 첫째 가장 중요한 것은 이러한 조건 하에서 전체 서구의 운명이 달려 있던 프랑스와 독일 세력의 강화였다. 왜냐하면 강력한 기독교 세력이었던 스페인의 일부와 이탈리아의 일부가 이슬람에 의해서 장악됨으로써 프랑스와 독일이 기독교의 중심지가 될 수밖에 없었기 때문이다. 둘째 이제까지의 동방의 기독교 지역의 동남부가 이슬람에 의해서 장악됨으로써 로마 교구를 중심으로 했던 서방교회가 기독교의 중심이 됨과 동시에 그곳의 대주교라고 할 수 있는 교황의 권위가 향상되게 된다. 셋째 신학적으로 자신만이 순수하고 완전하다고 간주했고 나아가서 기독교를 강력하게 평가절하 했던 이슬람의 유일신 종교가 기독교와 공존하

고 그 반대세력들의 해체를 통해서 적지 않은 영향을 받게 되었다.[3]

서고트 왕국을 유린한 아랍인들이 이베리아 반도(스페인)의 일부를 점령한 이후 이전의 로마 국가의 영토에서 게르만인들의 국가들 가운데서는 단지 두 개만이 남게 되었는데 그것은 곧 프랑크 왕국과 랑고바드 왕국이었다. 그 후 카롤링 왕가가 전체 프랑크 왕국을 차지한 이후 그들은 정치적 도약을 맞이하게 되는데 이것은 또한 교회의 세계적 지위를 약속받는 것이기도 했다. 프랑크왕 칼 마르텔(Karl Martel)은 732년 투어에서 아랍인들을 무찌름으로써 페레네 산맥 북쪽의 기독교, 말하자면 "서구의 기독교"를 아랍인들 손에서 구출하는 데 성공한다.

그 후 칼 대제(Karl der Grosse, 768~814년)는 프랑크 왕국의 왕으로서 자신의 권력을 이탈리아의 대부분의 지역으로 확대해 나갔다. 그렇게 함으로써 그는 프랑크 국가를 서방의 보편국가로 확대했고 그것은 서방의 기독교적 국가들의 대부분을 포괄했다. 이렇게 프랑크족의 왕은 서방의 교회의 수호자요 지도자가 된 것이다.

칼 대제의 정복정책은 중부 이탈리아, 바이에른과 캐르덴, 작센, 아베른 그리고 스페인까지를 그의 영향권에 넣게 된다. 이렇게 카롤링 국가교회는 대서양으로부터 엘베강 지역까지 그리고 아이더엘서 갈리글리아노 상류까지 넓혀 나갔다. 칼 대제는 굴복당한 이교도들, 중부 독일과 알프스 동부의 프리센인들과 작센인들, 슬라브인들에게 기독교를 받아들이도록 강요했다. 이렇게 볼 때 그의 지배의 시기는 유럽에서 가장 중요한 선교의 시기이기도 했다.[4]

---

3) 칼 호이시(손규태역), 세계교회사, 한국신학연구소, 236면 참조.
4) 삭센인들과의 전쟁과정에서(772년) 칼 대제는 처음부터 생각했던 것은 아니지만 기독교화를 시도하는데 776년에 삭센인들에 대한 강요된 대량세례가 거행되었다. 그리고 778년 그는 스페인의 사라고사까지 쳐들어갔는데 그것은 순수 정치적 전쟁이었으나 후

따라서 칼 대제 하에서 정치적 정복은 언제나 기독교 선교를 전제로 했다. 이러한 정치적 정복과정에서 이교도들에게 선교가 강요되었기 때문에 정치적 항복을 받아들이면서도 기독교 신앙을 거부하는 이 방인들에게는 가혹한 형벌이 가해지고 강요된 세례를 거부하는 사람들에게는 가차 없이 사형이 집행되기도 했다. 이러한 국가의 정복전쟁과 선교활동의 결합은 이후부터 기독교 선교의 모델이 되기도 했다. 이러한 정복과 선교의 결합을 반대한 경건왕 루드비히 같은 사람은 정복 없는 선교를 추구하기도 했다. 이러한 강요된 선교는 후에 와서 아퀴나스의 토머스 같은 신학자들의 비판의 대상이 되기도 했다.

IV. 교회와 십자군 전쟁(교황 그레고리7세의 모델)

카롤링 왕국의 이상인 국가와 종교의 통일, 국가적 과제로서 정복전쟁과 선교의 종합은 고대교회의 이상들을 완전히 파괴해버렸다. 교회가 정치와 결합됨으로써 그것이 가져야 할 본래의 사명들이 상실된 것이다. 박해받던 교회가 박해하는 교회로, 민중들과 약자를 돌보아야 할 종교가 특권층의 종교로, 피안적 종말론적 교회가 차안적 세속적 종교로 변질하게 되었다. 성직자들은 가난하고 억눌린 민중을 섬기는 자들로부터 특권층과 지배자들의 편에 서서 그들을 억누르고 지배하는 세력으로 등장한 것이다. 따라서 교회의 선교는 더 이상 사람들의 마음과 태도를 변화시키는 선교가 아니라, 정복자들에게 강제로 기독교를 받아들이게 하는 국가주의적 행위가 되었다.

이러한 카롤링 시대의 국가우위의 상황 하에서 교회의 위상은 10

에 가서 기독교 신앙의 확산과 보호를 위한 행위로 규정했었다. 위의 책 246면 참조.

세기 이후 14세기까지는 국가권력으로부터 교황권의 해방과 그것의 강화의 시기라 할 수 있다. 그러한 교황권의 독립을 위한 긴 투쟁의 과정은 엄격하게 말하면 이러한 국가와 종교, 정복정책과 선교정책의 종합에서 빚어진 온갖 교회의 부조리와 모순들을 타개하기 위한 운동들이 일어난다. 말하자면 교황권의 독립과 강화는 교회의 개혁(정화) 운동과도 밀접하게 관련되어 있다는 것이다.

첫째는 의사(擬似) 이시돌 문서들(pseud isidorischen Dekretalen)을 통하여 황제에게 예속된 교황의 권리를 구출해 내는 것이었다. 교황들은 카롤링 국가의 몰락을 교묘하게 이용하여 정치와 종교의 종합을 해체하여, 교회의 독자성을 확보함으로써 교회의 정치에의 예속을 극복하려는 시도를 했었다. 이러한 시도에서 교회는 여러 가지 의사문서들과 위조문서들까지 사용하는 데 주저하지 않았다. 그 대표적인 것 가운데 하나가 콘스탄티누스의 헌정문서이다.[5] 이러한 시도는 교황권의 강화를 의미하는 동시에 교회의 개혁, 즉 교회의 본래적 과제를 찾는 일과도 연결된다.

둘째는 이 시기에 일어난 클루니 수도원 개혁운동을 들 수 있다. 교황권의 실질적 개혁을 낳게 한 것은 승려집단에서 나온다. 10세기경에 즉 카롤링 국가 말기에 이탈리아와 프랑스에서 일어나기 시작한 수도원적 금욕적 이상들은 특히 부군더 지역의 클루니 수도원에서 성공을 거둔다. 이러한 수도원 운동의 이상들은 다음과 같다. 1) 수도원 경제의 개혁(수도원 재산의 세속적 지배자들의 약탈에서 보호), 2) 세

---

[5] 콘스탄티누스의 헌정이라는 문서에는 콘스탄티누스 대제가 교황에게 온갖 교회의 위엄과 권리들, 화려한 황제의 궁전, 거기에다 반지, 홍포, 홀, 칭호, 교황의 사절들을 위한 지위 등을 부여했다는 것이다. 칼 호이시(손규태 역), 세계교회사, 한국신학연구소, 344쪽 이하 참조.

속적 권력으로부터 수도원의 독립과 교황에게 귀속, 3) 베네딕트 규율의 철저한 수행, 4) 로마적 승려의 종교성 함양(고양된 내면생활의 고양) 등이다. 그러나 이 개혁을 통해서 시몬파(성직 판매자들)와 니콜라아파(대처승이나 축첩한 자들)의 추방 등을 감행했다.

셋째 독일황제 하인리히 4세와 교황 그레고리 7세 사이의 우위권 투쟁에서 교황이 승리함으로써 교회가 정치적 세력에 속박되는 것에서 해방되었다. 이것은 교황선거에서 세속 세력으로부터의 자유를 획득한 것인 동시에 이른바 평신도(왕)의 서임식의 거부이기도 했다. 한걸음 더 나아가서 그레고리 7세 교황은 교회의 정치적 지배권을 주장하고 확보함으로써 교황권을 세속적 정치세력인 황제권 위에 올려놓는 데 잠시나마 성공하였다.

이러한 교황권의 강화와 그것의 세속적 정치권력 위에 군림하게 된 것은 또 하나의 새로운 문제를 야기했다. 강화된 교황권은 세속군주들의 간섭에서 벗어나 독자적으로 십자군이라는 군대를 조직해서 과거에 이슬람 세력에 의해서 빼앗긴 지역을 탈환하는 데까지 나아가게 된다. 십자군적 사고는 일차적으로는 과거의 성지에 대한 순례사상이 그 뿌리에 자리 잡고 있지만 과거의 기사도 정신의 종교적 변용도 한몫을 했다. 그리고 또 교황청에 의해서 지원되었던 성 베드로의 군사라는 사고도 여기에 결합되어 나타난다. 십자군 전쟁은 순례라고 하는 종교적 행사와 기사도라고 하는 정치적 군사적 행태가 비정상적으로 결합된 것이었다.

서방세계는 동방에 대한 과장된 기대들과 함께 이교도들에 대한 전쟁은 비교할 수 없는 종교적 열광주의를 동반했다. 이슬람 정복자를 옛 기독교 영토에서 추방하고 비잔틴과 아르메니아 교회가 교황권에 예속되어야 한다는 것이다. 그러나 이러한 십자군 전쟁들은 실패로 끝났다.

카롤링 시대의 세속적 정복전쟁이 선교와 결합되었다면 십자군 전쟁은 종교적 열정에 세속적 전쟁전통이 결합된 것이라고 할 수 있다. 여기에서 분명해지는 것은 십자가와 십자군은 언어적으로는 동일한 기원을 갖고 있지만 그 내용은 정반대라고 하는 것이다.

V. 식민지 정복과 선교(콜럼버스의 모델)

15세기 유럽인들은 조선기술과 대양항해술을 남보다 먼저 발전시킴으로써 지구상 다른 대륙의 사람들보다 결정적으로 앞서 나갈 수 있었다. 특히 이베리아 반도의 국가들, 스페인과 포르투갈 사람들은 항해술의 발달을 기초로 삼아서 보다 넓은 세계관을 갖고 일찌감치 세계 여러 나라들을 탐험하는 데 성공한다. 저명한 프랑스의 역사학자 부라우델(Ferdinand Braudel)이 말한 것처럼 대양항해 기술은 유럽인들과 비유럽인들 사이에 대칭관계를 만들고 따라서 세계적 척도에서 유리한 조건을 만들었다. 말하자면 바다를 지배하는 자는 무역을 지배하고 세계무역을 지배하는 자는 세계의 부를 지배하고 따라서 세계 자체를 지배하게 된 것이다(Walter Raleight).

1492년 콜럼버스의 미 대륙 점령(발견이 아니다)은 단순히 유럽인들의 식민주의만을 그 목표로 한 것은 아니었다. 콜럼버스는 스페인 바셀로나를 출발하기 전 당시의 스페인 왕 페르디난도와 여왕 이사벨라가 참석한 가운데 대성당에서 미사를 드리고 출발했다. 그의 출발 미사는 그의 항해를 위한 신의 축복을 기원하는 자리인 동시에 가톨릭교회의 선교사로서의 파송을 축하하는 자리이고 했다. 그는 출발에 앞서 "하나님께서는 이 세상의 모든 우상들을 쓸어버리고 홀로 통치하실 것이다"라는 성 아우구스티누스의 기도를 암송하면서 항구를 출발했다. 그는 망망대해를 여행하면서 자신들의 안전과 항해의 성공을 하나님께 기도하는 동시에 전 세계의 민족들을 깨우쳐서 그들이 섬기는 우상들을 퇴치하고 하나님을 섬기게 해 달라고 기도했다. 따라서 콜럼버스의 항해는 일차적으로는 세속적 목적 즉 스페인인들의 식민지 개척을 위한 것이었지만 다른 한편 가톨릭신앙을 전파하여 이방인들도 구원을 얻게 하려는 대담한 종교적 행사라고 할 수 있다.

미 대륙에 도착한 콜럼버스 일행은 초기에는 여러 가지 어려움도 겪었지만 얼마 지나지 않아서 우수한 무기와 전쟁기술로 원주민들을 쉽게 제압할 수 있었다. 아버지의 전기 및 전설들의 저자인 콜럼버스의 둘째 아들은 새로운 대륙에서 자신들의 재배와 그 정당화의 이데올로기를 다음과 같이 서술하고 있다.

"하나님의 지존하심은 인디오를 우리 손에 넘겨주셨을 뿐만 아니라 그들에게 생필품의 부족과 질병들까지 보내주어서 그들의 숫자가 이전에 비해 3분의 1로 줄어들게 해 주었다. 이것을 통해서 분명해진 것은 오직 하나님의 손과 그의 고귀한 뜻을 통해서 그와 같은 놀라운 승리와 원주민들의 굴복을 가능하게 했다. 왜냐하면 그들에 비해서 우리의 것들이 모든 면에서 우수했다고 해도 그들의 압도적 다수가 우리의 유리한 조건들을 무용지물로 만들었을 것이기 때문이다."[6]

---

6) Spiegel. 1991년 12월 30일 자 참조.

유럽인들의 우수한 무기들로 원주민들을 수 없이 학살했을 뿐만 아니라 그들이 가지고 간질병(매독)으로 면역력을 갖지 못했던 원주민들이 힘없이 죽어갔다. 한 예로 당시 2천 5백만 명의 멕시코 원주민들을 80년이 지난 이후에 1천만 명으로 줄어든 것이다. 콜럼버스는 이러한 대량학살과 질병으로 통한 원주민들 숫자의 감소를 하나님의 섭리로 본 것이다.

1992년 10월 2일 콜럼버스 미 대륙점령 500주년 되는 날에 "콜럼버스의 날"을 맞이해서 옛 세계의 지배자였던 스페인과 새로운 세계의 지배자로 등장한 미국은 뉴욕에서 공동의 기념행사를 가졌었다. 그 행사의 내용인 즉 바셀로나에 서 있는 콜럼버스 주상과 미국 뉴욕에 서 있는 자유의 여신상의 "혼인식"을 거행하는 것이었다. 이것은 매우 역설적인 행사로서 정복자를 대변하는 콜럼버스와 자유인을 상징하는 여신상을 결혼시키는 것으로서 낡은 국가 스페인과 새로운 국가의 왜곡된 이중성을 말해 준다. 어떻게 국가주의의 상징적 인물과 자유와 평화의 여신상이 결혼할 수 있는 것일까?

미국과 스페인은 이 행사를 거행하면서 콜럼버스의 미 대륙 발견은 두개의 각기 다른 대륙, 유럽의 문화와 남미의 문화의 만남(Begegnung)이며 따라서 축하할 일이라는 것이다. 이러한 만남을 통해서 두개의 각기 다른 문화는 서로 소통가능하게 되고 더욱더 발전하게 되었다는 것이다. 따라서 콜럼버스의 미 대륙 발견은 새로운 세계질서, 폐쇄된 각각의 대륙을 중심으로 한 낡은 질서로부터 새로운 전체 세계질서로 나아가게 된 계기가 되었다는 것이다.

여기에 대해서 세계교회협의회 콜럼버스 500주년 위원회는 "신대륙 발견은 두 세계의 만남이 아니라 우월한 민족들이 약한 민족들을 굴복시키고 그들의 운명을 마음대로 규정한 계층적 원리의 승인이다"라고 선언했다.7) 콜럼버스 사건은 두 대륙이나 두 문명이 등등한 지위에서 만난 것이 아니라 문명과 야만으로의 분리이며, 유럽인들의 식민지적 지배와 문화적 편견의 시작이라고 할 수 있다

또 미국의 저명한 언어연구가이며 반제국주의적 체제비판가인 노암 촘스키(Noam Chomsky)는 여기에 대해서 자유라는 이름의 정복자의 계획된 "제국주의적 야합"이라고 비판하고 레이건 정부의 어리석은 백치놀음을 즉각 중단할 것을 요구하고 있다. 이것은 자유와 민주주의라는 이름으로 오늘날 미국이 감행하고 있는 정복정책을 은폐하는 국가주의적 음모의 놀음이라는 것이다.

문명비평가인 세일(Kirkpatrik Sale)은 그의 책 "낙원의 정복"(The Conquest of Paradise)에서 콜럼버스로부터 시작되는 서구문명의 승리는 오늘날 로마의 교황으로부터 시작해서 중국에서 팔리는 코카콜라에 이르기까지 정복자들의 창던지기와 대포 쏘기와는 달리 정신적 승리요, 심리적 정복의 성격을 가진다고 했다. 콜럼버스 이래 유럽인들은 정복당한 다른 대륙의 사람들에게 자기들의 언어를 말하도록 강요했고, 자신들의 옷을 입게 했으며 자신들의 가치관을 심어주었다. 콜럼버스 이래 백인들이 아름답게 생각하는 것이 모두에게 아름다운 것이며, 그들이 맛있다는 음심이 맛있는 것이 되었다.

남미의 작가 에두아로 갈레아노(Eduaro Galeano)는 콜럼버스 유럽과 다른 대륙의 대칭관계를 다음과 같이 표현하고 있다. 유럽인들의 것은 문화며, 여타 대륙의 것들은 민속이고, 유럽인들의 것은 종교며 다른 대륙의 것들은 미신이고, 유럽인들의 것은 언어고 다른 대륙

---

7) Evangelischer Presse Dienst, Dokumentation, 91/44, S.38.

의 것들은 방언이고, 유럽인들의 것은 예술(Kunst)이고 다른 대륙의 것은 수공예품(Kustgewerbe)이다. 콜럼버스 이후 남미의 문명은 "일식(日蝕)의 문명"이라는 것이다.

VI. 반식민지와 선교(라스카사스와 지겐발크 모델)

스페인 사람 콜럼버스와 포르투갈 사람 바스코 다가마의 지구탐험 여행들은 해외에 대한 유럽민족들의 열성적인 식민지정책을 추구하게 했고 가톨릭교회에다 예기치 않은 선교지평을 열어주었다. 종교적 혹은 선교적 동인이 이러한 탐험여행에 중요한 자리를 차지했던 것은 위에서 언급한바와 같다. 재산과 부, 특히 금과 이방세계에 대한 욕망이 곧 선교적 열정과 결합된다. 이러한 선교기관들은 대개는 프랜시스칸이나 도미니칸 등과 같은 수도단들인데 그 중에도 예수회가 선두에 섰다. 이러한 선교회들은 남미, 동인도, 일본, 중국들에서 활동했고 많은 성과를 거두기도 했다. 17세기에 와서 이러한 선교들은 부진을 금치 못했고, 일본 같은 데서는 완전히 실패하기도 했다.

여기서 주목할 만한 것은 남미에서 라스 카사스(las Casas)에 의해서 일어났던 선교와 반식민지 운동 모델이다. 그는 학생으로서 1493년 자신의 아버지도 동참했던 콜럼버스의 남미여행으로부터의 귀환을 경험한 것으로 알려져 있다. 그는 성장해서 스페인 영토 하이티에 있는 금광에서 일하고 나서 군인으로서 전투에도 참여했다. 그는 아마도 1509년에 로마에서 사제서품을 받았다. 그 때까지는 다른 젊은 이들처럼 평범한 삶을 살았지만 그의 삶에서 극적 전환을 가져온 것이 몇 가지가 있다. 첫째는 그가 인디오들에게 가한 불법적 행위들 때문에 고해성사에서 사죄함을 받기를 거부했다. 둘째로 그는 고해성사에서 사죄 받음을 거부한 것은 시락서 34장 21절과 안토니오 데 몬테시노스(Antonio de Montesinos)의 설교의 빛에서 자기의 삶을 성찰하고 나서이다. 그 순간부터 그는 인디오들의 권리의 수호자인 동시에 스페인의 식민주의자들의 강력한 적수가 되었다.

1516년 그는 추기경 시스네로스(Cisneros)에게 식민주의자들의 불법적 행위들에 관한 백서를 제출하고 황제 칼 5세의 자문들에게 선교와 식민지 정책에 관한 계획들을 제시했는데 부분적으로는 받아들여지기도 했으나 부분적으로는 거부당하게 된다.

1525년 그는 도미니칸 수도회에 입단하고 1542년까지 남미의 여러 나라들을 여행하면서 식민지 정책의 문제점들과 모순점들을 발견하고 귀국해서는 이러한 문제들의 해결을 위해서 많은 노력을 경주했다.

1544년 그는 부유한 교구인 쿠즈코(Cusco)의 반대로 그는 가난한 교구인 치아파(Chiapa)를 담당하게 된다. 그는 인디오들이 바쳐야 할 조공과 세금을 감액해 주는 조치를 취했다가 멕시코에서 난관에 봉착한다. 그가 불법으로 벌어들인 모든 재물을 환수해야 한다는 목회서신을 발표하자 치아파 사람들이 그에게 들고 일어났다.

1546년 그는 멕시코에서 열린 총회에 참석해서 인디오들의 권익을 보장하는 조치들이 통과되었으나 그로 인해서 그는 식민주의자들의 저항에 직면하게 된다. 그로 인해서 그는 주교직에서 물러나서 스페인으로 돌아왔고 거기서 그는 인디언들에 대한 식민지 정책에서 커다란 영향력을 행사한다. 그 후 그는 마드리드에서 1566년 6월에 사망했다.

그는 일생 동안 스페인 식민주의자들과 인디오들 결혼해서 평화롭게 살 수 있고 또 인디오들의 권리들이 보장되는 노동조건들을 제시했다. 이 시기에 그는 교황에 의해서 하사된 스페인의 소유의 합법화를 받아들였다. 그 다음 시기(1530~1544년)에 그는 이론적 작업들에 몰두하는데 거기에 보면 정치적 권력과 교황의 권력 사이의 종합을 다루고 있다. 거기에 따르면 원주민들 지도자들의 권리들이 충분히 보장되어야 한다는 것이다. 그래서 그는 스페인 정복자들을 무력을 통한 지배자로서 비판하고 있다.

그의 말년(1546~1566년)에 그는 매우 급진적 자세를 취하면서 스페인의 식민지화를 심판하고 나선다. 따라서 스페인 사람들은 양심에서 모든 잘못을 회개하고 사태를 원상으로 회복시켜야 한다는 것이다. 그는 세풀베다(Sepulveda) 회의의 논쟁에서 인디언들은 야만이라는 논제를 거부하고 모든 인류는 하나라는 논제를 제시한다. 그리고 스페인 사람들은 자연법칙을 위반하는 범죄를 저질렀고 무죄한 인간들을 죽였다는 것이다. 그는 아리스토텔레스의 이론에 의거해서 인간은 나면서부터 노예로 태어난 사람은 존재하지 않으며 모든 인간은 태어나면서부터 동등하다는 것이다. 모든 민족은 자신들의 역사, 문화, 종교의 빛에서 판단되어야 한다고 했다.

라스 카사스는 전쟁의 반대자였다. 그는 자신을 방어하는 전쟁만을 승인했다. 그리고 인디언들을 기독교화하기 위해서 굴복시켜서는 안 된다. 그래서 그는 선교를 위해서 식민지화 할 수 있다고 해석한 교황의 칙서(Sublimus Deus, 1537년)를 거부한다. 그 칙서에 따르면 복음화만이 식민지화를 정당화된다는 것이다. 그러나 라스 카사스에 의하면 신앙은 예수 그리스도의 계명들과 일치하는 방식으로만 선포되어야 한다.

라스 카사스는 멕시코와 리마에서 국가적 차원이나 지방의 차원에서 인디오들의 권리보장들을 위한 법제정에 커다란 기여를 했다. 많은 민족들 특히 남미의 민족들은 그를 그들의 독립투쟁을 위한 선구자로 간주하고 있다. 그리고 그는 전 세계적 차원에서 힘없고 억압받는 자들의 옹호자로서 추앙을 받는다. 최근에 그는 해방신학자들(E. Dussel, G. Gutierrez, H. Assmann)에 의해서 예언자로서 숭상을 받는다. 그는 동시에 인디오들의 통합을 위해서 일한 토착화의 선구자로서 이해되기도 한다. 그의 기본적 통찰은 인디오들이 불법으로 고통 받는 데서 발견하는 수난 받는 예수 그리스도의 상이다.

그 다음으로 우리가 주목하고자 하는 것은 독일인 선교사 지겐발크(Batholomäus Ziegenbalg)의 모델이다. 지겐발크는 1682년 7월 독일 작센주의 한 적은 마을에서 경건한 부모에게서 태어났다. 그는 할레 대학에서 당시 루터교 경건주의의 창시자라고 할 수 있는 프랑케(August Francke) 밑에서 공부했다. 당시 독일에서는 프랑크푸르트의 슈페너(Spener)가 시작한 경건주의 운동이 여러 지방으로 확산되어 갔으며 진젠돌프(Zinzendorf)에 의해서 지도되던 헤렌후터의 경건주의와 함께 할레에서는 위에서 언급한 프랑케의 경건주의 운동이 커다란 종교적 반향을 일으키던 시기다. 이들은 주로 러시아와 신대륙 미국에서의 선교 사업에 깊은 관심을 가지고 있었는데 할레 출신의 지겐발크는 남인도의 선교사로 간다.

지겐발크는 다른 동료 한 사람 풀루챠우(Heinrich Plutschau)와 함께 덴마크의 왕 프리드리히 IV세의 지원을 받아서 인도의 트란쿠에바(Tranquebar)로 떠난 것은 1706년 9월 7일이었다. 당시 할레의 선교회는 덴마크 왕 프리드리히의 재정지원을 받았는데 이러한 정치와 선교의 유착은 여러 가지 문제점들을 야기하여 결과적으로는 비판의 대상이 되기도 했다. 두 사람 선교사들은 힌두교인들과 덴마크의 인도 식민지 관리들의 방해에도 불구하고 1707년 12월에 새로운 신자들에게 세례를 베풀었다. 그들은 인쇄시설을 만들고 1517년에는 지겐발크가 타밀어로 번역한 신약성서를 출간하기도 했다.

지겐발크를 재정적으로 지원하던 코펜하겐의 선교부의 반대에도 불구하고 그는 선교 사업이란 복음을 선포하는 동시에 그리스도인이 된 원주민들의 사회적 권리와 복자에도 관심을 가져야 한다고 생각했다. 그러나 선교부는 단지 선교사들로 하여금 복음만을 설교하기를 바랐으며 토착민 교회는 유럽의 기도교만을 받아들이도록 했었다.

그런데 지겐발크는 공공연하게 브라만의 계급제도(caste)를 비판하고 그것의 개혁을 주장하고 나서서 힌두교의 하층민들을 지원했기 때문에 그는 힌두집단에 의해서 피살을 당할 뻔 하기도 했다. 힌두교인들이 이러한 살해위협을 하는 것은 보통일이 아니었기 때문에 덴마크의 선교부에서는 선교사가 이러한 사회정치적 행동을 하는 것을 못마땅하게 생각했다. 그러나 인도의 하층민들에게는 이러한 그의 활동이 적지 않은 반응을 일으켰다.

그 결과 토착민 지도자들이나 선교사들 사이에서 이러한 지겐발크의 생동을 두고 대립이 생기고 논쟁이 발생했다. 트란쿠에바에서 각기 의견을 달리하던 선교사들 사이의 다툼과 경쟁으로 인해서 1708~09년 사이에 4개월 동안 지겐발크는 덴마크의 식민지 관리에 의해서 투옥을 당했다. 그리고 1708년에는 덴마크의 군인과 비기독교적 토착민 여인 사이에서 태어난 아이의 세례를 둘러싸고 논쟁이 벌어지고 이 문제가 법정싸움으로까지 나가게 되었다. 이것과 관련된 여러 가지 사건들로 인해서 지겐발크는 다시 감옥신세를 지게 되었다.

그와 같은 일들로 인해서 지겐발크는 인도에 나타난 토마스 뮌처라는 별명을 얻게 되고 계속되는 덴마크의 식민지관료들과의 힌두교의 상류층들과의 갈등과 대립으로 인해서 그는 결국 1714~16년 유럽으로 소환되었다. 결론적으로 그는 선교사로서 복음의 정시네 따라서 전통종교인 힌두교의 계급사회를 타파하는 일에 전력했고 동시에 자신을 지원하던 덴마크의 식민지 정책에 반기를 들어서 선교 사업을 완성하지 못하고 귀국조처를 당하게 되었던 것이다. 그는 결과적으로 자기의 선교사업의 경험을 통해서 선교정책은 식민지 정책과 결합되어야 하며 또한 선교정책은 토착민들의 사회정책과도 일치해야 한다는 것을 깨닫고 깊은 실망에 빠져서 고향으로 돌아왔던 것이다. 그러나 그가 하나의 위로로 받아들였던 것은 성공회 선교단체(Anglican Society for the Propagation of Christian Knowledge)와의 협력을 통해서 토착민들의 독자적 교회형성에 기여했을 뿐만 아니라 개신교 선교사상 최초로 에큐메니컬한 협력의 기초를 놓았었다.

VII. 세계화와 선교의 종합(미국 네오콘의 모델)

예수는 부활하여 승천하기 전 제자들에게 다음과 같은 선교명령을 하달한다. "내가 하늘과 땅의 모든 권세를 받았다. 그러므로 너희는 가서 모든 족속으로 제자를 삼아 아버지와 아들과 성령의 이름으로 세례를 주고 내가 너희에게 분부한 모든 것을 가르쳐 지키게 하라. 보아라. 내가 세상 끝 날까지 너희와 항상 함께 있겠다."(마태 28:18-20).

이러한 예수의 선교명령은 사실상 기독교 복음의 세계화, 다시 말하면 하나님 나라가 전 세계적으로 확대되고 실현되어야 할 것을 말한 것이다. 이러한 복음의 세계화를 향한 예수의 선교명령은 예수님의 직접적 제자들에 의해서 실현되었다기보다는 이방 선교사로 부름 받은 사도 바울에 의해서 관철되었다고 할 수 있다.

이러한 복음의 세계화의 명령은 앞서 살펴본 대로 초대교회에서는 로마 국가의 기독교화를 통해서, 중세기에는 유럽의 기독교화를 통해서, 중세기 말에는 남미 대륙의 기독교화를 통해서 그리고 근세에는 전 세계의 기독교화를 통해서 실행에 옮겨졌다고 할 수 있다. 우리는 앞서서 이러한 선교의 전 과정을 국가와 기독교의 종합, 국가와 선교의 종합을 통해서 살펴보았다. 이러한 국가와 선교의 종합모델은 오늘날에 와서는 국가의 세계화 모델과 결합됨으로써 몇 가지 새로운 양태로 나타나고 있다.

첫째는 정치적 세계화 과정에서 기독교 선교는 이념국가군의 출현과 더불어 한편으로는 새로운 국가로 등장한 미국과의 동일성을 통해서 다른 한편으로는 또 하나의 국가로 등장한 소련에 반대하는 형태로 나타났다. 제2차 세계대전 이후 자본주의적 미국과 사회주의적 소련이 세계를 분할하여 점령한 이래 등장한 동서냉전체제에서는 세계는 두개의 국가로 갈라져 있었다. 이러한 동서냉전체제에서 두개의 강대국의 이데올로기적 대립과 전쟁에서 대부분의 보수적 기독교는 미국 편에 서서 미국의 반공적 이데올로기의 동맹자와 지원자가 되었다. 이 때 기독교가 들고 나온 구호는 공산주의는 무신론적이며 전체주의적이라는 것이다. 공산주의자들은 신을 부정하고 따라서 종교를 반대하며 나아가서 교회를 박해한다는 것이었다. 그리고 공산주의는 전체주의로서 스스로가 기독교가 가진 신의 전체성을 탈취했다는 것이다. 동시에 전체주의는 신만이 가진 전체성, 혹은 완전성을 자신들의 사상과 지도자에게서 보려고 한다는 것이었다.

이렇게 기독교는 아마겟돈 전쟁의 논리에 따라서 선한 국가인 미국을 지원하고 악의 국가인 소련과 동구라파의 국가들의 공산주의에 반대하는 활동을 하는 것이 곧 선교적 과제, 기독교 선교였다. 따라서 악마에게 사로잡힌 무신론적이고 전체주의적 세계를 붕괴시키고 그 자리에 복음을 전파하고 교회를 세우는 것이 곧 예수의 지상명령 즉 선교의 사명을 다하는 것이라고 생각했다.

둘째로 경제적 세계화 과정에서 기독교 선교는 미국의 자본주의적 시장경제를 지원하고, 소련과 사회주의 국가들의 사회주의적 계획경제를 반대하는 방향으로 나타났다. 이러한 경제적 세계화 과정은 자유시장경제의 이론에 근거해서 경제의 필수요소라고 할 수 있는 자본의 통제를 제거하고 무한한 자유를 부여함으로써 경쟁을 가속화하는 방향으로 나가게 된다. 사회주의의 계획경제체제는 모든 재산을 국유화함으로써 자본의 자유를 통제함으로써 정치적 자유뿐만 아니라 경제적 자유를 부정함으로써 경제활동을 위축시키고 따라서 사람들의 삶의 질을 향상시키는 데 실패했다는 것이다.

따라서 자유시장경제체제야말로 기독교 복음의 자유에 상응하는 것이며 따라서 기독교 선교는 자유시장경제체제에서만 성과를 거둘 수 있고 인간들을 행복하게 살 수 있게 한다는 것이다.

VIII. 결론

오늘날의 세계화는 예수가 제자들에게 명령했던바 "그러므로 너희는 가서 모든 족속으로 제자를 삼아 아버지와 아들과 성령의 이름으로 세례를 주고 내가 너희에게 분부한 모든 것을 가르쳐 지키게 하라."고 한 그리스도교적 세계화가 아니라 자본주의적 시장경제에 의한 세계화라고 할 수 있다. 말하자면 그리스도의 복음의 세계화, 즉 세계에서의 하나님 나라의 실현이 아니라 자본 즉 맘몬에 의한 세계화가 이루어진 것이다. "하나님과 재물을 같이 섬길 수 없다"고 예수께서 경고한바 하나님과는 병존할 수 없는 재물의 세계화가 자본주의적 시장경제라는 이름으로 달성된 것이다.

그 결과 하나님 나라의 자유, 즉 복음과 그리스도인의 자유가 아니라 맘몬의 자유, 즉 자본의 자유 즉 자유시장이 승리하게 되었다. 오늘날 대부분의 보수적 혹은 신보수적 기독교인들은 복음의 자유 즉 그리스도인의 자유(마르틴 루터)는 자본의 자유, 시장의 자유와 일치되는 것으로 이해하게 되었다. 말하자면 그리스도인의 자유는 만물로부터의 자유인 동시에 만물을 섬기는 자유라는 종교개혁자 마르틴 루터의 역설적 자유이해는 왜곡되어 인간의 자유가 아니라 자본의 자유가 중심이 됨으로써, 인간이 오히려 자본의 노예가 되어버렸다. 말하자면 인간을 섬겨야 할 자본이 인간을 억압하고 인간을 노예화하는 데로 나갔다는 것이다(칼 마르크스).

오늘날의 자본주의적 시장경제 체제의 세계화 과정에서 기독교는 사회적 연대성, 가난한 자들을 위한 복음의 세계화의 정신을 망각하고 자본주의 체제에 자신을 일치시킴으로써 기독교의 본래성에서 일탈하여 자신의 정체성을 상실하게 되었다. 그 결과 세계화와 더불어 등장한 오늘날의 기독교의 현실을 독일의 저명한 시사주간지 기자는 다음과 같이 서술하고 있다.

"전능하신 하나님 대신 시장이 등장했고, 이 하나님의 현현은 다우존스 주가지수(Dow-Jones-Index)며, 그의 성체(聖體)는 미국의 달러고, 그의 미사는 환율조정이고, 그의 나라는 지금 크래믈린의 지도자들까지 도 찬양하는 자본주의적 보편문명이다." (Der Spiegel, 1991. 12. 31, S. 97)

■ 논찬

종교의 권력화
-종교라는 삶의 두 얼굴

우희종 교수
(서울대학교, 수의학)

1.

　발제자의 '기독교 역사에서 본 종교의 권력화'는 별도의 요약이 필요 없을 정도로 매우 간결하고 잘 마무리 된 글로써, 기독교 2000년 역사 속에서 민초와 함께 했던 초기 기독교의 모습이 역사 속에서 어떻게 지배자와 특권층의 종교로 나타나는지를 시대별로 요약해서 잘 설명해 주고 있다. 또한 기독교의 권력화와 정치적 야합이라는 역사적 흐름에도 불구하고 끊임없이 있어왔던 교계 내의 반성된 모습도 일견할 수 있도록 클루니 수도원 개혁운동이나 라스 카사스, 지겐발크의 사례도 기술되어 있어서 읽는 이로 하여금 스스로의 삶을 반추하게 되는 기회도 주고 있다.

　한편, 이러한 종교의 권력화와 정치적 야합은 비단 기독교에서만의 현상은 아닐 것이다. 불교에서도 그렇고 더 나아가 대부분의 종교가 본래의 메시지와는 달리 세속화되어 온 것은 다시 거론할 필요도 없다. 이렇듯 종교가 시간이 경과함에 따라 초기의 순수성을 잃고 점차 권력화와 정치적 야합이라는 모습으로 변질된다는 것은 이러한 면이 비록 우리가 인정하고 싶지는 않을지 몰라도 인간들이 하는 종교적 행위 내에 내재되어 있는 보편적 속성인 것으로 보인다. 그렇다면 발제된 주제를 생각함에 있어서 시대적 현황에 대한 검토와 더불어 종교가 지니고 있는 이러한 이중적 속성에 대한 검토도 필요할 것으로 생각된다.

이런 맥락에서 이미 명확히 주제가 전달되고 있는 발제자의 발표 내용에 대해서는 더 이상의 논평을 드릴 입장이 아니면서도 그동안 광야에서 외치는 소리로서 기독교적 사회윤리의 바른 모습을 말씀해 오신 발제자께 굳이 어설픈 단견을 여쭘으로써 기독교, 불교를 떠나 우리 삶 속의 종교의 의미를 다시 한 번 되돌아보고자 한다. 물론 앞서 말한 바와 같이 종교의 권력화는 비단 기독교에서만 나타나는 현상은 아니기에 여기서 드리는 질문은 단지 기독교의 사례를 통해 생각해 보는 것일 뿐 어쩌면 불교 학자에게 드리는 질문이기도 하며, 더 나아가 종교를 받아들이고 있는 스스로에게 하는 질문일 것이다.

2.

인류 역사상 종교의 권력화와 세속 권력과의 야합이 보편적 현상으로서 언제나 있어왔다는 것은 종교에서 제시하고 있는 진리로서의 종교적 메시지와 그러한 메시지를 우리 삶 속에 구체화하는 모습으로서의 종교가 언제나 일치하지 않는다는 것을 의미한다. 더 나아가 진리의 메시지로 포장한 종교권력처럼 인간에게 위압적이고 잔인하게 작용한 사례는 인류 역사상 찾아보기 힘들다. 그렇다면 1) "종교적 행위의 표상으로서의 종교는 왜 본래의 전달하고자 하는 뜻과는 거리가 먼 권력화의 과정을 걷게 되는가?"라는 질문을 먼저 던지지 않을 수 없다. 이러한 질문에 대한 답이 종교의 권력화를 이야기할 때 우선적으로 검토되어야 할 점이 아닌가 생각한다.

대부분의 종교는 진리의 메시지를 인간들의 삶 속에 구체적으로 자리 잡고 꽃피우게 하자는 것일 것이다. 다시 말하면 종교에서 다루는 진리는 비록 표면적으로는 하늘나라나 서방정토와 같은 이상향을 제시하지만, 구체적으로는 우리들의 삶의 모습으로 나타나야 하는 것이기 때문에 종교적 메시지를 관념적으로 받아들이지 않는 한 우리의 삶의 자세와 방향을 말하는 것 외에 다름 아니다. 유형, 무형의 종교 집단 역시 종교적 메시지를 구체화하기 위해 인간들이 취하고 있는 수단에 불과할 수 있으며, 내세를 말하건 자력, 타력을 말하건 언제나 우리의 삶의 문제가 종교의 중심에 있으며, 삶의 변화가 수반되지 못하는 종교적 메시지는 이미 죽은 말씀에 불과하다.

한편, 종교적 메시지를 우리 삶 속에 구체화하려는 종교가 오히려 권력화하고 야합함으로써 종교가 지향해야 할 인간의 충만한 삶과는 달리 인간을 억압하는 모습으로 그 얼굴을 나타낸다는 것은 종교적 메시지의 종교화 과정 중에 드러나는 인간 내부의 또 다른 이면일 수밖에 없다. 그렇기에 어떻게 보면 여러 사회 집단 중의 하나인 종교 집단이 점차 권력화되거나 기존의 권력과 야합하는 것은 이미 예정된 것이다. 종교적 메시지라는 도그마는 건전한 비판을 차단하는데 너무도 적절하고 더욱이 신앙심이라는 옷까지 입었을 때 집단으로서의 종교 행위는 본래의 가르침을 벗어나기에 너무 좋은 조건이기 때문이다. 결국 사회 속의 종교집단은 인간 집단에 불과하다는 것이고, 다른 일반집단에서와 마찬가지로 언제나 권력으로 표현되는 인간 욕망의 모습을 지닐 수밖에 없다. 이런 의미에서 종교는 언제나 진리 구현 공동체로서의 속성과 세속적 인간 집단으로서의 서로 다른 이중적이고 양가적인 자기분열의 모습을 지닐 수밖에 없다.

하지만 단순히 종교도 사람들이 하는 것이기에 어차피 권력화 및 야합이 일어날 수밖에 없다고 치부해 버린다면 너와 나의 삶을 말해야 하는 종교인의 자세로는 지극히 패배주의적인 입장이 될 것이다. 따라서 두 번째 질문으로는 발제자의 결론에서도 언급되었듯이 2) "본래의 정체성을 잃고 화석화되어 권력과 야합으로 얼룩진 이 시대의 기독교의 모습은 과연 무엇으로 극복될 수 있는가?"가 될 것이다. 특히 살아있는 말씀 대신 물신(物神)과 권력을 추종하는 무리들의 집합 장소가 된 듯한 한국 일부 교회와 사찰을 바라볼 때 이는 더욱 절실한 질문이 된다.

대부분의 종교가 보여주고 있는 권력화와 야합의 역사는 종교에 내재되고 있는 자기분열과 인간 욕망의 역사이라면, 또 인간의 일반적 삶이 세속적 욕망을 떠나서 이야기되지 못하지만 종교에서의 궁극적인 관심이 우리의 참된 삶이라면, 종교 자체가 필연적으로 양가적 속성을 지닌다는 것을 염두에 둘 때 권력을 위해 자기 분열된 종교 집단을 진리와 삶의 통합된 모습으로 거듭 태어나게 할 수 있는 처방 역시 종교 안에서나 찾을 수 있을 것이다.

이런 의미에서 종교권력화의 문제에 대한 접근 방식으로서는 역사상 이에 맞서서 투쟁한 많은 이들의 사례로부터 살펴볼 수 있다. 그것은 발제된 글에서 언급된 사례들이나 독일신학자 본 회퍼의 삶에서도 나타나듯이 개인의 내적 문제로서는 세속적 욕망에 대한 영성 운동이 며, 회피와 타협을 거부한 적극적 사회 참여로 말 할 수 있을 것이다. 불교식으로 표현한다면 각자의 삶 속에서 욕망에 대한 무상(無相, 無常)성을 성찰하여 부모미생전(父母未生前)의 참된 자기에의 회복이며, 모든 존재의 연기적 관계를 위한 성성적적(惺惺寂寂)한 깨어있음으로 말할 수 있다.

역사상 이러한 삶의 모습을 가장 잘 보여준 분으로서 가장 낮은 자에게 임하는 실천적 삶의 전형을 보이며 당시 권력화된 율법주의자들에게 질타를 한 예수님을 본다면, 권력덩어리로서의 이 시대의 기독교는 인간의 참된 삶으로부터 가장 멀어질 수밖에 없다. 권력화되는 종교 집단도 우리 사회 속에서 존재하는 다양한 집단 중의 하나이며, 이 집단의 구성원은 물신과 권력으로 참된 영성을 대신하고 있는 개인들이기 때문에 이에 대한 접근은 각 개인의 삶의 회복이라는 실천적 문제로서 영성운동이 요구되며, 예수님의 성육화 역시 진리의 구체적 발현인 것처럼 영성운동은 사회참여라는 구체적인 모습으로 나타나야 한다.

한편, 종교의 권력화나 세속 권력과의 야합을 이야기할 때 분명한 것은 그러한 권력화의 역사만큼이나 종교 내부로부터의 정화 운동도 언제나 우리와 함께 하고 있다는 점이다. 이런 현상은 특정 종교만의 상황이 아니라 세계 어느 종교에서나 관찰되고 있다는 것을 볼 때, 이 대립되는 두 현상은 옳고 그름이나 좋고 싫음을 떠나서 양쪽 모두 인간의 삶에 기반을 둘 수밖에 없는 종교가 지니고 있는 본질적 속성이라고 말할 수 있다. 그렇기 때문에 16세기의 종교 개혁 운동을 통해 종교권력화의 과정 속에서 화석화된 당시 가톨릭의 한계를 극복하고

자 출발한 개신교가 오늘날 오히려 전형적인 권력화된 종교의 모습이 된 것도 어떻게 보면 충분히 예견된 필연적 과정이었는지도 모른다.

    종교적 도그마와 신앙심으로 무장되어 손쉽게 권력화로 빠지기 쉬운 이러한 면이 모든 종교의 공통된 속성으로 자리 잡고 있기 때문에 각각의 종교에서 사용되는 언어나 표현은 달라도 종교의 권력화에 대한 각성 운동은 특정 종교와 상관없이 어느 종교에서나 동일한 모습으로 전개된다. 최종적으로 얼마나 충실한 결실을 맺었는가와는 별도로 중세 기독교에서의 수도원 개혁 운동이나 16세기의 종교 개혁운동, 중국의 백장 청규나 한국 불교에서의 정혜결사(結社) 등도 이러한 맥락에 있다. 이들은 우리들의 삶과 유리되어 오히려 인간에게 억압으로 작용하게 된 권력화된 종교로부터 벗어나 종교적 가르침은 근본적으로 삶의 문제를 다루고 있으며 이를 위해 삶의 현장으로 돌아가야 한다는 입장을 취하고 있다. 이는 억압된 삶의 회복 운동이며, 이를 구체적으로 구현하기 위한 방법으로서 대부분 공동체적 접근을 시도하고 있는 것도 특징적이다.

    하지만 이 시점에서 3) "이중적인 종교의 특성 상 종교의 정화운동이나 이에 대한 논의가 과연 '얼마나' 의미를 지닐 것인가?"라는 질문은 해보아야 할 것 같다. 이것은 율법주의자들과 당시 세속화된 성전에서 보여준 예수님의 가르침과 더불어 종교 정화의 역사가 항상 존재해 왔음에도 불구하고 발제자가 보여준 것같이 종교의 권력화는 언제나 우리 곁에 상존해 왔다는 점이다. 세계화와 더불어 TV나 인터넷 등의 대중매체가 발달된 현대 사회에서 종교는 과거와는 또 다른 형태로 권력화된 모습을 취할 수 있다. 이러한 종교의 시대적 변신과 더불어 종교가 지닌 이중적 속성을 바라볼 때 대안으로서의 개인의 영성 운동과 사회 참여는 참여자의 끝없는 구도의 자세에 의존해야 함을 암시한다.

종교의 권력화나 야합은 제도의 문제로서 해결될 수도 없는 것이며, 복음이 땅 끝까지 전해 질 때까지 혹은 불교의 금강경에서 언급되듯 일체중생을 모두 다 제도하겠다는 서원이 이루어질 때까지 끊임없이 계속되는 영성 운동으로 접근할 수 있다. 그렇기에 정화 운동이나 개혁의 목소리에 대한 결과나 성과를 묻기 전에 진리의 메시지가 종교라는 틀 속에서 권력화 하여 인간을 억압하는 모습이 있는 한 이에 대한 성찰과 자성은 언제까지나 계속되어야 한다. 그런 의미에서 위의 질문은 4) "우리는 종교의 정화운동이나 이에 대한 논의를 어떤 마음가짐으로 해야 하는가?"라고 다시 던질 수 있다. 이것은 우리의 일상 속에 자리 잡고 있는 권력화된 종교에 대하여 언제나 의문을 제기해야만 하는 우리 자신들의 문제이기 때문이다. 신과 악마를 동시에 지닌 동물이라고 일컬어지는 것이 인간이기에 인간 사회 속의 종교도 언제나 신과 악마라는 두 모습으로 존재할 수밖에 없는 것일지도 모른다. 양면성을 지닌 인간을 떠난 종교가 있을 수 없다면 종교의 이러한 이중적 모습은 동전의 양면과 같아서 무엇이 옳고 그른 것이라 말하기 이전에 그 어느 쪽도 우리 자신의 모습일 수 있다는 점을 인정하는 겸손한 자세가 필요하다.

이렇게 인간과 인간 집단이 지니는 양면성을 인정하는 자세의 이면에는 우리 각자가 지니고 있는 인간에 대한 신뢰와 애정이 중요한 의미를 지닌다. 종교의 권력화를 논의하는 데에 있어서 인간을 신뢰하고 사랑하는 이라면 종교적 가르침이 항상 사회의 빛과 소금이 되어 온 것처럼 영적 전통 속에서 종교의 권력화 문제를 풀어 갈 것이고,

그렇지 않다면 냉소적 삶의 자세로 이어짐으로써 사회에 대한 종교적 책임을 회피하는 형태가 되기 때문이다. 그 무엇을 비판하고 개혁한다는 것은 우리에게 그 대상에 대한 끝없는 사랑과 신뢰의 마음을 가져야 함을 전제한다.

3.

종교적 도그마와 신앙심으로 포장된 인간욕망에 의해 나타나는 종교의 자기분열 현상이 종교 자체가 지니고 있는 근본적 속성이며 인간 사회가 있는 한 종교의 권력화는 앞으로도 항상 있을 것이다. 비록 종교에서 참된 가르침과 권력화된 종교의 모습은 서로 너무도 거리가 있지만, 종교의 이러한 이중성을 고려할 때 종교의 권력화를 고민한다는 것은 우리 내면이 지닌 양면성에 대한 깊은 성찰과 더불어 삶의 문제로서 접근해야 함을 말하고 있다. 이것은 우리의 삶의 자세가 진리의 메시지에 항상 깨어있어야 함을 의미한다. 다시 말한다면 종교인이나 일반 신도의 입장을 떠나 우리 모두의 자기반성과 성찰을 통해 삶의 실천적 문제로서 종교를 접해야 하며, 이를 통한 종교적 메시지는 우리 모두에게 영성에 근거한 삶의 근본적 변화를 수반한다는 점이다.

한편, 이러한 개인의 실천적 삶의 자세는 권력화되고 세속 권력과 야합한 모습으로 나타나는 종교에 대하여 침묵보다는 엄한 질타의 목소리를 내어야한다는 것을 의미하며 동시에 이러한 질타는 분노가 아니라 우리의 사랑과 신뢰로부터 나와야 한다. 바람직하건 그렇지 못한 모습이건 모든 종교적 행위의 주체는 언제나 성(聖)과 속(俗)을 오가는 인간이다. 그렇기에 종교의 권력화를 논의하는 자리는 우리에게 항상 깨어 있을 것과 이웃에 대한 사랑을 실천하는 장이 되어야 하며, 이는 힘없고 가난한 낮은 자들과 함께 하는 사회 참여로 나타날 수밖에 없다.

　이상으로 권력화된 기독교의 모습을 잘 정리해 주신 발제자의 발표 내용에 대하여 굳이 더 붙일 것이 없는 논평자로서는 발제자의 글을 단초로 하여 생겨난 자신의 단상을 중심으로 몇 가지 두서없는 질문을 드리고, 이에 대한 발제자의 고견을 들음으로써 자신을 되돌아보는 가르침으로 삼고자 한다.

제2부
한국사회와 종교권력

2부 차례

3. 현대불교와 종교권력 : 김경집 교수(진각대학교, 불교학)
  Ⅰ. 서론
  Ⅱ. 현대불교의 권력화 양상
    1. 교단의 권력화 양상
    2. 전제적(專制的) 종권 추구
  Ⅲ. 불교권력의 변화와 영향
    1. 불교권력의 다각화 양상
    2. 불교권력의 정치화 경향
  Ⅳ. 결론

논찬
"현대불교와 종교권력"에 대한 논찬 : 김영태 교수(전남대학교, 윤리학)

4. 한국개신교와 종교권력 : 이진구 교수(호남신학대학교, 종교학)
  Ⅰ. 서론
  Ⅱ. 개신교는 어떤 과정을 거쳐 종교권력으로 탄생하였는가?
  Ⅲ. 개신교 종교권력의 작동 양상
    1. 교회 안의 종교권력
    2. 시민사회 속의 종교권력
    3. 정치 영역과 종교권력
  Ⅳ. 결론

논찬
종교권력을 우려한다 : 박광서 교수(서강대학교, 물리학)

3. 현대불교와 종교권력

김경집 교수
(진각대학교, 불교학)

I. 서론

우리나라는 다종교 사회이다. 각각의 종교는 자신들이 추구하는 가치를 가지고 사회를 위해 노력하였다. 그런 과정 속에서 종교는 사회를 교화하는 순기능의 역할도 있었지만 종교 간의 갈등은 물론 사회와의 갈등을 빚는 역기능도 있었다.

종교는 고유한 영역이 있다. 불교의 근본적인 목적은 자신에 대한 성찰과 완전성을 이루려는 수행이다. 불교가 성립된 이래 현재에 이르기까지 계속된 본질이다. 그런 본질에도 불구하고 지금까지 한국불교의 역사를 보면 그 사회를 지배하는 정치적 주체와의 갈등과 화해 그리고 조화를 반복하면서 흘러온 사실을 알 수 있다. 그것은 불교 역시 사회를 기반으로 성립된 사회적 산물이며, 그 순환에서 벗어날 수 없음을 말하는 것이다.

그런 사회적 관계는 수평적 관계만 존재하지 않는다. 수직적 관계가 형성되기도 하며, 힘으로 그런 관계가 요구되기도 한다. 현대사회에서 불교를 포함한 많은 종교는 국가와 수평적 관계로 유지되지 않았다. 국가권력은 사회통제라고 하는 미명아래 불교를 억압하였지만 그 이면에는 불교계의 유형무형의 자산을 이용하려는 목적을 배제할 수 없다.

이처럼 국가권력이 불교를 통제하려는 것도 문제이지만 불교 스스로 권력화되어 안으로 자정의 능력을 상실하는 것은 더 큰 문제이다. 1945년 8·15 광복 이후 현대사회로 접어든 불교는 많은 굴곡을 겪었다. 국가 권력에 의해 법적 통제와 함께 승단의 자정이 주도되는 수모도 겪었다. 종교가 자정능력을 잃으면 분열과 분쟁을 야기한다. 현대 불교계에서 일어난 많은 분쟁이 그것을 반증한다. 그런 모습은 종교의 본질을 상실한 모습이다. 통제능력을 상실하고 이익만을 위해 불교계의 힘으로 사회에 영향을 주는 것은 종교 본연의 모습에서 벗어나 권력화된 모습이다.[1]

불교의 권력화는 세속화를 의미한다. 세속화는 세상이 가지고 있는 이권을 불교계로 옮겨오는 것이다. 종교적 신앙으로 모인 다수의 힘으로 사회를 주도하여 이익을 얻는 것이다. 현재 불교계가 내부적 능력을 향상시키기보다는 이권을 향해 세속의 이익집단처럼 행동한다면 권력화와 세속화를 우려하여야 한다.

불교가 우리 사회를 위해 공헌한 모습이 없었던 것은 아니다. 그러나 앞으로 다가올 미래사회에 불교 본연의 자세를 견지하기 위해서라

---

1) 본 논문의 제목으로 종교권력이라는 표현을 썼지만 종교가 원래부터 권력을 가지고 있는 조직으로 이해하기보다는 종교계가 권력화되는 과정을 살피는 연구가 되어야 한다고 생각한다.

도 지금까지 우리의 모습에서 무엇이 잘못되었는지 철저하게 분석하고 반성하는 자세가 선행되어야 한다. 불교의 권력화를 살펴보는 이유가 거기에 있다.[2]

II. 현대불교의 권력화 양상

1. 교단의 권력화 양상

불교계에 권력화가 나타나기 시작한 것은 종단이 설립되고 지도부가 구성되면서 구성원간의 알력에서 비롯되었다. 1962년 4월 통합종단의 출발은 조계종이 비구 대처의 분쟁에서 벗어나 명실상부 한국불교를 대표하는 계기가 되었다. 잠시나마 불교계가 분쟁에서 벗어나 안정에 접어들 수 있었다. 그러나 얼마가지 않아 종권장악을 놓고 종정과 총무원장이 대립함으로써 권력분쟁이 나타나기 시작하였다. 그 원인은 한쪽으로 치우친 종권에 있었다.

1962년 비구 대처의 분쟁 속에서 제정된 최초의 종헌에서는 종정을 비구 측이 맡게 되어 총무원장 및 각 부장의 임명권을 포함한 막강한 권한이 있었다. 그런데 그런 권한이 분쟁이 끝난 뒤에는 지도부간 분쟁의 빌미가 된 것이다. 종정에게 그런 권한이 있었지만 실질적으로 종단을 움직이는 것은 총무원장이었다. 자연히 총무원장의 인사와 재정의 처리 등 종단의 중요 사안을 결정하는데 양측의 대립이 없을 수 없었다. 1966년 11월 통합종단 제2대 종정으로 추대된 청담은 종

---

[2] 이 논문의 주제에 의하면 한국불교 전체를 대상으로 논지를 전개하여야 하지만 그것은 짧은 시간에 살필 수 있는 작업이 아니다. 또한 한국의 많은 불교 단 가운데 조계종이 한국불교에서 차지하는 비중과 역할이 크므로 대부분 조계종에서 일어난 권력화 현상을 가지고 살펴보았다.

권을 자신 마음대로 장악하려 하였다. 이런 종정의 의도에 손경산 총무원장은 종정이 지나치게 실무를 장악하려 한다고 반발하면서 1967년 7월 25일 해인사에서 개최된 16회 종회에서 양측의 갈등이 고조되었다.[3]

발단은 총무원장 자신이 재단이사장으로 있던 동국대학교 운영 실태를 보고하는 자리에서 일어났다. 그날 보고 가운데 4,300여만 원이 부당 처리된 것을 반대파인 종정계 대의원들은 주장하면서 악화되었다. 그런 과정에서 청담이 종단 집행부와 함께 일할 수 없다고 사표를 제출하자 총무원장도 사퇴하여 종단 지도부가 모두 퇴진하게 되었다.[4]

이것은 종정의 의욕이 집행기관인 총무원에 지나치게 작용했고, 총무원장은 종회의 불신에서 비롯된 분쟁으로 종정과 총무원장의 사표가 제출된 후 해인사 임시종회에서는 제3대 종정에 윤고암(尹古庵), 제4대 총무원장에 박기종(朴淇宗)이 선출하였다.

청담은 종정에서 물러났지만 종권에 대한 과욕을 버리지 않았다. 그는 1969년 7월 5일에 있었던 제20회 중앙종회에서 제도교육의 현대화, 역경 번역사업의 현대화, 포교사업 현대화를 내용으로 하는 대한불교 조계종 유신재건안을 역설하였다. 그러나 교계가 냉담하게 반응하자 8월 조계종을 탈퇴한다고 성명서를 발표하고 그가 속해 있던 일체의 공직에서 사퇴하였다.[5]

이런 청담의 행동에 당시 종단 측은 종단운영권을 다시 가지려는

---

3) 박부영, 「조계종 종헌·종법 개정사」, 〈선우도량〉 제6호(1994. 5), pp.248-250.
4) 「조선일보」 1967. 7. 27.
5) 「동아일보」 1969. 08. 13.

불순한 동기에서 나온 것으로 판단하였고, 종회는 청담의 유신재건안에 대해서는 묵살하였다. 이런 상황에서 총무원장 박기종은 종단 일을 잘못하고 있다는 비난이 있자 즉시 사표를 제출하였으나 부결되었다.6)

자신의 뜻을 이루지 못한 청담은 자신이 몸담고 있었던 선학원을 중심으로 9월 1일 전국비구승대표자대회를 소집하였다. 벽안, 운허 등 46명의 중진승려들이 발기인이 된 대회에서 청담 스님의 탈퇴 경위, 종단비상사태의 수습 방안, 그리고 종단 정화진전 상황 재검토 등을 논의하였다.

이런 청담의 움직임에 대해 조계종 총무원은 전국 본말사에 공문을 발송하여 이 대회가 총무원과는 아무런 관계가 없으므로 참가하지 말라고 통보하였다.7) 그리고 26일 종단 중진회의와, 30일에는 전국본사주지회의를 긴급 소집하는 등 대비책을 서두르면서 종권의 주도권을 쥐기 위한 싸움으로 표면화되었다.8)

실제 이 분쟁은 비구 대처 간의 분쟁의 결과로 나타난 조계종의 종권현황과 청담 사이에서 빚어진 권력화 양상이다. 비구 대처 간의 분쟁은 1967년 2월 6일 비구 대처의 대표 40명이 화동추진위원회에서 대처승의 기득권을 인정하고 종회의원과 본사주지 그리고 일부 사찰에 대한 주지를 대처 측이 맡는 것에 합의하였다.9)

이런 합의에 반대한 대처 측은 분리되었지만 종회의 화동파는 존속

---

6) 「조선일보」 1969. 8. 13.
7) 「조선일보」 1969. 8. 23.
8) 「동아일보」 1969. 8. 26.
9) 「조선일보」 1967. 2. 09.

하였다. 당시 종회의 인적구성은 비구파[통도사파] 20명 그리고 종단
대처파[화동파] 18명, 그리고 청담이 이끄는 선학원파 12명 모두 50명
이었다. 종정 사퇴 후 재기를 노리던 청담은 자신이 속한 선학원파가
종회의원 50명 가운데 12명에 지나지 않자 종단탈퇴라고 하는 배수진
으로 종권의 장악을 노린 것이다.[10]

결국 극단적 자세로 일관하여 비구파와 화동파 세력과 타협한 청담
은 종단을 자신이 주장하는 방향으로 개편할 수 있었다. 그 결과 9월
1일 열린 비상종회를 개최하고 박기종의 사표를 처리하고 새 총무원
장으로 월산을 선출하였다. 그리고 청담 자신은 장로원장에 추대됨으
로써 일단락되었다.[11]

그러나 여기서 만족할 수 없었던 청담은 1970년 7월 15일 봉은사
토지 매각사건으로 종단이 다시 분쟁에 빠지자 18일 개최된 조계종
23회 종회에서 총무원장인 월산이 자진 사퇴하자 청담 자신이 7월 22
일 제6대 총무원장으로 취임함으로써 종권을 장악할 수 있었다.

이와 같은 종권대립은 70년대에서도 계속되었다. 71년 청담이 입
적하자 총무원장으로 강석주가 취임했으나 1년 만에 사퇴하고 1973
년 3월 종회에서 손경산이 선출되었다. 그는 강력한 종권을 유지하려
고 고암 종정과 자주 부딪쳤다. 결국 종정이 사퇴하고 5대 종정으로
이서옹이 취임하였지만 분쟁은 계속되었다. 그 양상도 예전과 달리
종정과 총무원장 양자 구도가 아니라 종회와 원로회의 등이 포함되면
서 다자간 분쟁의 양상을 띠었다.

1974년 8월 3일 조계종 제5대 종정에 추대된 이서옹은 단체의 대표

---

10) 「조선일보」 1969. 8. 31.
11) 「동아일보」 1969. 9. 1.

자 명의를 종단 대표인 종정으로 하여야 한다는 것과, 본사주지를 임명하면서 종정의 재가를 얻지 않고 총무원장의 독단으로 발령을 내면서 야기되었다.12)

총무원장의 독단적 행정을 지켜본 종정은 1975년 8월 28일 총무원장 손경산을 비롯한 부장과 국장급 30여 명의 사퇴를 종용하였다. 그리고 총무원에 긴급 종령을 선포하였다. 이런 과정에서 10월 2일 조계종 원로 24명이 참석한 중진회의에서 종단의 비상사태의 수습을 위한 대권을 종정에게 일임하고 종정중심제로 전환을 주도하였다. 그리고 12월 1일에서 4일까지 개최된 제42회 중앙종회에서 종정중심제로 종헌을 개정하고 총무원장으로 박기종을 선출하면서 종권을 장악할 수 있었다.

그러나 종정에 반대하는 종회의원 24명은 1976년 10월 7일 해인사에서 임시종회 개최하고 종대추대 취소 및 종헌·종법 개정을 결의하고 총무원장 서리로 김혜정을 선출하면서 분쟁은 극단으로 치달았다.

종권다툼이 계속되자 박기종 총무원장이 10월 4일 사임하고 그 후임으로 고영해가 제12대 총무원장으로 취임하였지만 오래가지 못했다. 이어 12월 3일 제13대 총무원장으로 김자운이 취임하는 등 종단은 갈등에서 벗어나지 못했다.

종정에게 종권이 집중되면서 종회와의 분쟁을 피할 수 없었다. 종회는 종정에게 주어진 많은 권한에 대한 견제로 종헌을 개헌하려 하였다. 그러자 77년 9월 제48회 임시중앙종회에서 종헌 종법을 제의한 재야 측과 현 종정 중심제를 주장하는 총무원장 측이 대립하게 되었다. 그러자 종정은 9월 23일 종령 제36호로 종회 개최 장소는 조계사

---

12) 박부영, 앞의 논문, pp.251-252.

로 국한한다는 내용을 발표하였고, 이에 반발한 종회의원 24명은 1977년 10월 7일과 8일 해인사에서 제49회 임시중앙종회 개최하고 이서옹 종정추대 결의를 무효로 선언하면서 이서옹 종정 불신임을 결의하였다. 이어 10월 10일 다시 개운사에서 13인의 종단비상대책회의 개최하고 해인사에서 개최된 종회의 결의를 재확인하였다. 이어 10월 12일에서 14일 동안 조계종 제50회 정기중앙종회를 통도사에서 개최하고 총무원장 중심제 개헌안을 통과시키고, 11월 9일에는 종정 직위 해임 확인 청구 소송을 하였다. 이런 종회 측의 움직임에 종정은 11월 11일 불교 중흥을 위한 비상종령 제37호로 중앙종회의 해산을 명령하였다. 그러나 반대 측은 종정과 집행부 직권 정지 제소하면서 양측이 팽팽하게 맞섰다.

이때 중앙종회는 원로회의를 이용하여 종정의 권한을 무력화시키려 하였다. 종회로부터 권한을 위임받은 원로회의는 1977년 12월 23일 회의를 개최하고 해결을 모색하였다. 중앙종회와 원로회의의 협력에 밀린 종정은 1978년 1월 6일 제3차 원로회의에 종정의 권한 위임 및 종정직 사퇴를 서면으로 표명하였다. 그러자 원로회의는 종단재건회의로 개칭하고 다음날 총무원장으로 강석주를 선출하여 취임시켰다. 종단재건회의는 종헌 종법 개정작업에 착수하여 최고의결기관으로 원로회의를 신설하고, 총무원장 중심제로 종헌종법을 개정하여 통과시켰다.13)

그러나 1월 26일 사의를 표명했던 이서옹 종정 서울 고등법원에 종정 직무정지가처분 신청 판결에 불복하고 이의신청을 함으로써 종단의 권력분쟁 논의는 다시 악화되었다. 종단재건회의가 1월 31일 회의

---

13) 박부영, 위의 논문, p.253.

를 개최하고 활동중지를 선언하면서 사태가 긴박하게 전개되자 종회 측은 3월 10일 개운사를 임시 총무원을 개원하고 종정 측의 조계사 총무원과 대립하였다.

그 후 양측은 합의와 번복을 반복하다가 1979년 6월 26일 대법원 조계종 종정 이서옹이 개운사 측을 상대로 낸 종정직무 정지 등 가처분 신청에 대한 상고를 기각하면서 개운사 측이 승소하는 듯 보였지만 8월 9일 서울 고등법원이 조계사 측의 이의신청으로 본안 판결 확정 증명이 위법이며 무효라고 판결하자 분쟁은 재현되었다. 그 후 조계사 측과 개운사 측은 대화로 해결하려 하였으나 12월 합의조약서 무산되면서 파행을 겪다가 1980년 2월 15일 대법원 이서옹 가처분 집행 취소 결정에 대한 재항고를 기각하면서 개운사 측이 승소하자 일단락되었다.

그렇지만 4월 26일과 27일 조계종 제6대 중앙종회 개최되고 개운사 측이 종회의장 및 총무원장 등 요직을 독점하면서 종권을 장악하자 조계사 측이 이에 반발하여 종무인계를 거부하면서 양측은 다시 와해 상태로 빠졌으나 4월 27일 쌍방 종회의 총선거 합의로 조계종 제17대 총무원장으로 송월주가 취임하였다.

그러나 5월 7일 조계종 종정 추대를 위해 개최된 종회에서 조계사 측이 송월주 총무원장이 자격미달이므로 당선무효라고 주장하면서 종정 추대는 실패하였다. 그러자 5월 13일 개운사 측이 조계사 측 총무원을 강제 점거하고 5월 15일 조계종 전 종정직무대행 윤고암과 신임 총무원장 송월주 사이에 조계종 사무인계 인수서 조인되면서 종권 장악으로 인한 분쟁은 일단락되었다.

그 후 조계종 총무원 불교계 자체 정화작업 착수하고, 조계종 자율

정화 세부지침 확정하는 등 자구책을 강구하는 과정에서 10월 27일 계엄사령부 총무원 및 전국 주요사찰에 계엄군을 투입하면서 법난이 일어난 것은 널리 알려진 사실이다.

2. 전제적(專制的) 종권 추구
1) 서의현의 총무원장 3선 강행

1986년 8월 22일 총무원장이 된 서의현은 2번째 임기를 마치면서 3선을 강행하여 절대적 권력을 추구하려 하였다. 그가 그런 의도를 가지게 된 것은 1988년 4월 92회 종회에서 총무원장의 권한을 대폭 강화하는 방향으로 종헌이 개정되어 종회 중심제에서 총무원장 중심제가 된 것이 크게 작용하였다고 볼 수 있다.

당시 개헌된 종헌은 종단을 대표하고 종통을 계승하는 최고의 권위와 지위를 지닌 종정을 상징적인 존재로 바꾸고 원로회의에서 추대위원회가 추대하도록 변경하였다. 종정의 임기도 10년에서 5년으로 축소하고 종정의 총무원장 임면권도 삭제하였다. 그래서 총무원장이 종단을 대표하고 종무행정을 통괄하도록 하였으며 종정 임명 부분은 원로회의 인준으로 개정하였다. 중앙종회의원 선거법에서도 종회의원 의석수를 늘려 총무원장이 종회를 장악할 수 있는 길을 터놓았다.14)

이런 배경으로 종단을 장악한 서의현은 90년 총무원장에 재임하여 94년에 끝나게 되어 있었지만 연임이라는 종헌 상의 문구를 여러 차례 해도 괜찮다는 의미로 해석하고 3선을 강행하였다.

그가 이처럼 일반적 상식을 무시하고 3선을 도모한 것은 94년 당시 불거진 불교계 비리를 무마하려는 의도가 숨어있었다. 94년 1월 27일

---
14) 박부영, 앞의 논문, p.257.

상무대 이전 공사 과정에서 군 간부 2명이 당시 조계종 전국신도회 회장이자 청우종합건설 대표인 조기현에게 수천만 원의 뇌물을 받았다는 국방부 특검단의 수사발표로 세간에 알려졌다. 이것이 불교계와 정치권의 핫이슈가 되어 제166회 임시국회에서 민주당 정대철 의원이 상무대 이전 사업 223억 원을 유용한 의혹과 동화사 80억 시주금의 문제를 제기하면서 불거졌다.

궁지에 몰린 서의현은 이 사건을 조기에 진압하고 종권을 장악하기 3월 17일 당시 종하 중앙종회 의장에게 3월 30일 종회에서 총무원장 선출을 안건으로 상정하라는 요구를 하였고, 이것이 받아들여짐으로써 교계의 파장을 불러일으켰다.15)

총무원의 장기 집권의 의도가 발표되자 불교개혁을 꾸준히 모색해 온 개혁세력은 94년 3월 23일 범승가종단개혁추진회를 결성하였다. 범종추는 3월 26일부터 구종법회를 이끌어 나가며, 3월 28일에는 종단개혁을 위한 결의대회를 가지며 서의현 3선 음모 결사반대를 결의하고 상무대 80억 비리의 진상규명을 촉구하였다.

이를 방관할 수 없었던 총무원장은 3월 29일 새벽 조직 폭력배 300여 명을 사주하여 총무원에서 농성하던 승려와 재가불자들을 습격하였으며, 경찰은 이들을 강제 연행하였다. 정부의 비호를 받은 서의현 세력은 3월 30일 제112회 임시중앙종회를 개최하고 서의현의 3선을 결의하였다. 종정인 서암은 4월 9일 승려대회를 중지하라는 교시를 발표하여 총무원 측에 힘을 실어 주었다.

그렇지만 4월 10일 개최된 전국승려대회에서는 서암 종정의 불신임을 결의하고, 서의현 총무원장의 공직박탈을 결의, 개혁회의 출범

---

15) 김봉준, 「94년 불교개혁운동의 반성적 점검」, 〈불교평론〉 제8호(2001. 10), p.223.

선언, 개혁회의 의장에 월하를 선출하였다. 그리고 총무원 접수를 시도했으나 경찰은 다시 이를 불법집회로 간주하고 승려와 재가불자들을 강제 연행하였다. 이에 원로스님 6명이 단식농성에 돌입하고 4월 11일 원로회의는 조계종 비상사태를 선포하고 개혁회의는 3·29, 4·10법난을 책임지고 김영삼 정부 퇴진, 최형우 내무장관 구속을 촉구하였다.

이런 불교계의 대응에 처음 총무원 측을 지원하던 정부도 불교계의 저항에 더 이상 서의현을 지지할 수 없음을 깨닫고 4월 13일 공권력을 철수하였다. 그러자 개혁회의가 총무원을 접수하면서 그날 새벽 5시 총무원장이 사퇴 성명을 발표하였다. 그러자 오후 2시 조계사에서는 1만여 명의 대중이 참가하여 범불교도 대회를 개최하고 개혁회의 현판식이 이루어졌다. 원로회의에서는 4월 10일의 전국승려대회의 결정을 추인함으로써 서의현의 3선 강행은 불발로 끝나게 되었다.

그 후 개혁회의 노력으로 개정된 종헌이 9월 29일 원로회의에 의해 인준되고 개혁회의 의장은 개정종헌을 선포하였다. 새 종헌, 종법에 의해 종회의원이 선출되고, 각 교구별로 총무원장 선거인단에 의해 11월 21일 새로운 총무원장으로 월주가 선출되어 개혁종단이 출범하게 되었다.

그렇지만 개혁과정에서 보여준 불교자주화, 종단 운영의 민주화 그리고 불교의 대사회적 역할 확대에는 미흡한 점이 많은 것으로 나타나 분쟁의 요소는 내재되어 있었다.[16] 그것이 98년 불교계 권력분쟁으로 나타나게 된 것이다.

---

16) 「개혁종단의 형성과정과 종단개혁에 관한 의식조사」, 〈승가〉 제13호, 중앙승가대학 생회, 1996, pp.35-37.

2) 1998년 송월주 3선 강행

불교계는 1994년 11월 21일 319명의 선거인단에 의한 총무원장의 선출과 교구본사 주지의 선출, 그리고 교단 체제가 포교원과 교육원을 두어 총무원장에게 집중되었던 종권을 분산시킴으로써 새로운 전기를 맞이하였다.

그러나 불교도들의 여망과 달리 당시 교단운영은 민주적인 방향으로 나가지 못했다. 1996년 총무원의 민주성에 대한 평가 조사에서 41.6%가 아직도 비민주적인 요소가 다소 남아 있다고 응답하였고, 6.5%는 전혀 민주적이지 않다고 응답하여 약 과반수가 송월주 총무원 체제의 민주성에 대해 부정적인 견해를 갖고 있음이 드러났다. 종권의 분립으로 설치된 포교원, 교육원, 그리고 호계원에 대한 평가 역시 그렇게 높지 못했다. 10점 척도에 포교원은 4.35점, 교육원은 4.29점, 그리고 호계원은 4.29점이었다. 총무원도 4.39점으로 종단 여러 기구의 평가가 전반적으로 부정적이었다.[17]

이런 분위기에서 1998년 임기 종료를 앞둔 월주는 연임에 대한 강한 의지를 보였다. 그런 분위기로 종단 전체가 혼탁해지자 1998년 5월 30일 조계종 중앙선거관리위원회 위원장인 현해는 사전 선거운동 및 과열 혼탁선거를 자제하기 위해 "종단의 미래를 진심으로 걱정하는 사람이라면 종법을 위반하고 대부분 종도들이 기대에 반하는 사전 선거 운동을 하지 말 것"을 당부하는 담화문을 발표하였다.

불교계는 1998년 8월 26일 조계종 중앙종회, 교구본사 주지 후보자 선거법 개정 방안을 모색하는 '산중총회법 관련 교구본사 주지 후보

---

17) 「개혁종단의 형성과정과 종단개혁에 관한 의식조사」, 〈승가〉 제13호, 중앙승가대학 생회, 1996, pp.44-45.

자 직선제'에 관한 공청회를 개최하였다. 그럼에도 불구하고 1998년 10월 14일 월주를 조계종 제29대 총무원장 후보로 추대하기 위한 송월주 후보추대위원회가 발족하여 3선 연임이 강행되었다.

이런 횡보에 10월 14일 중앙승가대를 비롯하여 총무원장 3선 출마 반대를 위한 범불교도 연대회의가 구성되어 기자회견을 갖고 '종헌을 자의적으로 해석하고 3선 출마를 강행하는 것은 종단을 분열과 혼란으로 빠뜨리는 행위'라며 송월주 총무원장 후보추대위원회의 해체를 촉구하였다.

이런 과정에서 지금까지 총무원장 중심제로 운영되던 종권에서 종정의 권한을 강화하려는 시도가 있었다. 당시 종정이었던 월하는 이런 일련의 사태에 대해 10월 27일 구룡사 주지 정우가 대독한 교시에서 "총무원장 3선 부당, 종헌종법 전향적 개정, 중징계자 선별 사면, 근본 계율에 위배된 자의 종무행정 수행 시정, 모든 종도들은 제2의 정화불사라는 마음으로 종단을 바로잡기 바란다."고 하였다. 이런 교시에 힘입어 11월 4일 조계사에서 사부대중 6백여 명이 참석한 가운데 종정 예하 교시봉행 정진대법회 봉행되었다.

이런 혼란한 틈을 타 11월 11일 송월주 총무원장의 3선 저지를 위해 모였던 반대 세력 중 일부 세력이 총무원 청사를 점거하는 엉뚱한 사태가 일어났다. 이들은 종정의 교시를 핑계로 '정화개혁회의'를 출범시킨 것이다.

송월주 3선으로 시작된 권력화는 총무원과 종회 그리고 종정 사이에 권력화로 비약되었다. 당시 월하 종정은 종단의 재산처분권과 인사권 그리고 사면복권에 관한 권한 행사를 요구하며 통도사와 말사를 동원하였다. 여기에 조계종의 실질적인 세력들인 본사와 문중들이 각

기 무리를 지어 대립되었기 때문에 분규가 거대화되고 1개월 이상 지속되었다.18)

그러자 조계종 중앙선거관리위원회는 11월 12일 제29대 총무원장 선거를 부득이한 사유로 인하여 선거관리시행규칙 제42조 1항과 3항에 의거 18일로 선거일만 연기한다고 발표하였다.

종단이 분규에 휩싸이자 조계종 중앙종회는 11월 16일 봉은사 교육관에서 제135회 정기중앙종회 속개하고 제29대 총무원장 선거 입후보자 전원사퇴와 전국승려대회 개최 의결하였다. 이어 11월 24일에 다시 봉은사 교육관에서 제135회 정기중앙종회 속개하고 조계종 사태와 관련해서 조속한 시일 내 총무원장 선거 실시 등 5대 방침 결의하였다.

총무원 청사를 점령한 정화개혁회의가 11월 26일 정화개혁회의 현판식을 거행하자 11월 30일 조계사 앞 우정국로에서 1,200여 명이 참가한 전국승려대회가 개최되어 종헌, 종법과 종권수호 및 총무원 청사 접수를 결의하였다. 이어 12월 6일에도 광화문 지하도 입구에서 종헌 종법 수호와 공권력 규탄을 위한 범불교도 대회가 개최되었다.

종권에 대한 분쟁이 장기간 지속되며 불교계에 악영향을 미치자 12월 26일 종정 월하는 '금번 종단 분규에 대하여'라는 주제로 성명서에서 "송월주 3선 출마에 다수 승려가 지지해서도 안 되고 본인도 3선을 저지하기 위하여 손을 댔던 바 3선을 막게 되었으면 족하게 생각해야 하는데 본의 아니게 확대되어 유감 천만스럽다."는 사과의 뜻을 밝혔다. 그리고 종단 운영 방침대로 순응하기로 통도사 전원 대중이 합의하였다고 발표하였다. 이런 분위기에서 12월 29일 조계종 제29대 총

---

18) 김경호, 「조계종 종권분쟁 연구」, 〈불교평론〉 제2호(2000. 3), p.351.

무원장으로 고산이 당선되고 1999년 1월 10일 조계종 제29대 총무원장 고산 취임법회 봉행되어 종단의 사태가 일단락되는 듯하였다.

그러나 2월 8일 월하는 종단 운영방침에 순응하겠다는 지난 12월 26일자 친필 성명서를 전면 부정하고 '종단이 통합되어 일원화된 종단에 순종한다는 말이지 한쪽을 순응한다는 것은 어불성설'이라는 해명서 발표하여 종단은 다시 한 번 혼란에 빠지게 되었다.

이들은 신임 총무원장이 선출되었음에도 불구하고 총무원을 점거하다가 사법부의 판결과 뒤이은 공권력의 투입으로 물러나게 되었다. 그렇지만 이들이 제기한 '총무원장 부존재'와 '총무원장 직무정지 가처분' 신청이 1999년 10월 사법부가 받아들이면서 98년 12월 선출된 총무원장이 사퇴하고 새로 정대 총무원장을 선출되는 과정을 겪어야 했다.[19]

III. 불교권력의 변화와 영향

1. 불교권력의 다각화 양상

1) 중앙종회와 교구본사의 권력화

1994년 서의현 3선 강행을 저지한 불교계는 종무행정을 변화하였다. 개혁종단이 추진한 각종 제도개혁 가운데 교구본사와 중앙종회의 권한을 신장시키고 총무원장과 교구본사 주지의 선출 등에 직접선거를 도입하였다. 그리고 총무원에서 포교원과 교육원을 독립시켜 분권화를 시도하였다.[20]

그 결과 총무원장이 임명하던 교구본사 주지가 선거로 선출되면서

---

19) 조성렬, 앞의 논문, pp.461-462.
20) 조성렬, 위의 논문, p.458.

총무원의 본사 통제권이 약해졌다. 그리고 종회 역시 형식적인 구성에서 종단 지도부 선출과 종무행정의 견제와 주요 지도부 선출이라는 힘을 가지게 되면서 새로운 종단권력의 핵심이 되었다.

선거에 의한 종단 요직의 선출은 불교권력의 다각화하는 데 일조하였다. 그런 선거제도는 도입한 다음해인 1995년도 조사에 의하면 매우 긍정적으로 평가되었다. 그렇지만 시간이 지나면서 종교단체의 선거가 악영향을 끼친 것처럼 긍정적 평가도 계속 하락하였다. 1998년도 조사에서 선거제도 도입을 긍정적으로 평가하는 응답은 23.3%이었으나 부정적으로 평가한 응답은 49.3%로 높게 나타났다. 2003년 조사에는 긍정적 대답이 20.2%인 반면에 부정적인 대답이 47.3%로 나타나 98년도 조사와 같이 여전히 부정적인 견해가 많았다.[21] 이것은 선거로 당선된 교직자의 권력화가 주된 원인이었다.[22]

1994년 개혁종단 이후 많은 권한을 가지게 된 것은 종회이다. 그것은 총무원의 권한을 견제하고 종단에 필요한 입법 활동이 강화된 현실적 요구가 반영되었기 때문이다. 현재 중앙종회는 교구 직선과 간선으로 선출된 81명의 위원으로 구성되어 있다. 교구 직선은 22개 교구에서 각 2인, 해인사 3인, 직할교구 4인 등 총 51인이며, 직능직 10개 분야 각 2인씩 20인, 비구니 대표 10인으로 구성되어 있다.[23]

이들의 역할은 교단운영에 필요한 법과 제도의 마련하는 입법기능

---

21) 김응철, 「종단개혁과정 평가와 발전방안 모색을 위한 조사 연구」 〈중앙승가대 교수논문집〉 제10집, 중앙승가대학교, 2003, pp.200-201.
22) 정웅기, 「권력과점 고착화되나」, 〈참여불교〉 제21호(2005. 5), p.10.
23) 김응철, 「종단개혁과정 평가와 발전방안 모색을 위한 조사 연구」 〈중앙승가대 교수논문집〉 제10집, 중앙승가대학교, 2003, p.192.
   이러한 선출방식 중에서 교구에서 직선으로 선출하는 직선제에 대한 교구 내에서의 불만과 간선제의 선임기준 등에 대한 불만 등이 조금씩 나타나고 있는 것으로 보인다.

을 담당하는 것이지만 실제 교구 별로 뽑힌 탓에 교구의 이익을 대변하는 경우가 많을 수밖에 없다. 그리고 종회 내에 형성되어 있는 정파 간의 싸움으로 이권과 정쟁의 근거지 역할을 하다 보니 새로운 권력기구로 인식되고 있다. 도한 조계종의 각종 선출직 모두를 중앙종회에서 선출하기 때문에 실제 권한 이 막강하다고 할 수 있다.[24]

중앙종회의 권력화에는 내부적 특권에도 원인이 있다. 그것이 불징계 특권이다. 이는 중앙종회법으로 종회의원을 징계할 수 없다는 특권 조항으로 불법행위에 대해서도 보호받을 수 있는 조항이다. 실제 이 조항을 악용하여 개인적 문제를 일으킨 승려가 종회의원이어서 징계를 피한 경우가 많다. 실제 이것은 청렴한 입법 활동과 총무원 등 종무기관에 대한 견제활동에 필요한 수단으로 주어진 것인데 개인적인 불법 활동에 대한 보호 차원으로 악용되어 종회 스스로 권력화를 용인하는 모습이다.[25] 그런 권한이 있기 때문에 종회의원이 되기 위해 적지 않은 돈을 써야한다는 것은 불교계의 공공연한 사실이며 자연히 혼탁한 선거가 될 수밖에 없는 것이다.[26]

중앙종회가 권력화된 것에는 정치세력의 등장도 크게 영향을 미쳤다. 종회 내에는 여러 종책 모임들이 있다. 이런 모임은 견제와 상호 경책이라는 순기능을 가지고 있다. 그러나 그런 역할은 약해지고 자신과 자신이 속한 계층의 이익을 대변하면서 권력을 나눠먹는 모임으로 전락하고 있다.[27]

---

24) 정웅기, 「권력과점 고착화되나」, 〈참여불교〉 제21호(2005. 5), p.12.
25) 손옥균, 「부처님 법대로 살아야 한다」, 〈참여불교〉 2007년 11월호, p.7.
26) 박광서, 「개혁 없이 불교 미래 없다」, 〈불교평론〉 제23호(2005. 7), p.121.
27) 수경, 「조계종은 지금 어디로 가고 있는가」, 〈불교평론〉 제9권 제1호(2007년 1월), p.149.

이와 같이 불교 내 파벌이 권력화되는 것은 보유한 인적, 물적, 조직적 자원의 증가하였기 때문이다. 이들의 권력 경쟁은 때때로 종교적 영역을 넘어서 폭력적 충돌과 교단 조직의 분열로 이어지기 때문에 사회적 이미지를 흐릴 염려가 있다.28)

이와 같은 중앙종회와 함께 불교계의 권력화에 한 축이 된 것은 교구본사의 주지이다. 그전에는 중앙에서 임명하였기 때문에 연임하려면 중앙과 대립각을 세울 수 없었다. 그런데 교구본사의 주지가 선거로 인해 자체적으로 선발하면서 위상과 권한이 달라졌다. 거기에 전통적으로 본사를 중심으로 형성된 문중과 결합하면서 교구본사의 권력은 막강해졌다. 교구본사 주지가 교구대중의 직접선거로 선출되고, 말사 주지의 인사권을 갖는 등 행정적 권한을 가지면서 교단 권력화의 한 축이 되었다.29)

현재 교구본사를 중심으로 형성된 문중을 보면 본사를 중심으로 형성된 문중이 있으며, 몇 개의 교구본사가 합쳐진 대문중이 존재한다. 한국불교에서 문중은 선지식의 가르침을 사자상승하는 가풍이 있어 불교 전체를 다채롭게 하는 측면이 있었다. 그런데 이런 문중이 교구본사 주지를 선출하고 중앙 종회의원을 뽑으면서 양상이 달라졌다. 그것은 다수의 힘을 발휘하여 교구본사와 그 말사의 운영권을 장악할 수 있기 때문이다. 따라서 문중과 결합된 교구본사 주지의 권력은 특정사찰에 대한 집단적 소유권 개념으로 변질되면서 교구본사 주지가 권력의 핵심이 된 것이다. 그런 과정에서 교구 내에서 주류와 비주류

---

28) 강인철, 「한국사회와 종교권력」, 〈역사비평〉 제77호(2006년 겨울), pp.139-140.
29) 수경, 「조계종은 지금 어디로 가고 있는가」, 〈불교평론〉 제9권 제1호(2007년 1월), p.149.

로 양분되고, 교구 내 몇몇 주류인사를 제외하고 교구권력에 도전할 기회 자체가 봉쇄되면서 사유화가 극명하게 조장되고 있다는 점은 불교계의 미래를 위해서도 옳은 일은 아니다.30)

이와 같은 교구본사의 권력화는 종회의원 선출과도 밀접한 관련이 있다. 교구본사 주지와 함께 교구별로 선출된 중앙종회 의원의 권한이 막강함은 앞에서 살펴본 바와 같다. 그런 종회가 종단 내 각종 기구의 위원, 심지어 사법부에 해당되는 호계원의 조직 구성원까지 뽑을 수 있어 사실상 사법부까지 그 힘이 미치고 있다는 것은 심각한 권력화를 불러일으킬 수 있다. 이런 체제가 굳혀져 있는 현 상황에서는 호법부나 호계원에 엄중한 처리를 기대하기 어렵다는 점도 청정승가 구현에 큰 걸림돌이다. 여기에 교구본사 주지가 임명하는 10명의 총무원장 선거인단은 선거 때가 되면 그 힘을 유감없이 발휘하여 교구의 권력화에 일조를 하고 있는 현실이다. 31)

이런 권력 집중은 결국 많은 출가 승려들이 본사 중심의 행정단위에서 소외되는 결과를 가져오고, 3인 이상 공동생활을 하여야 하는 승가의 본분에서 벗어나 도심 포교당 개설이라고 하는 개인적 영역을 구축하는 방향으로 나아가고 있는 것은 불교계 미래를 위해서도 결코 좋은 일이라고 할 수 없다.32)

2) 불교의 금권화 현상

현대사회가 산업화에 의한 물질적 가치가 높아지면서 종교계 역시

---

30) 정웅기, 「권력과점 고착화되나」, 〈참여불교〉 제21호(2005. 5), p.11.
31) 박광서, 「개혁 없이 불교 미래 없다」, 〈불교평론〉 제23호(2005. 7), p.119.
32) 정웅기, 「권력과점 고착화되나」, 〈참여불교〉 제21호(2005. 5), p.12.

경제적 운용이라는 현실적 문제를 피해갈 수 없다. 불교계 역시 가지고 있는 경제적 가치를 극대화시킬 필요가 대두되었다. 그렇지만 불교계는 토지와 건물 그리고 유형무형의 문화적 자산으로 구성되어 있어 정확한 재정을 파악한다는 것은 어려운 일이다. 그리고 재정의 공개가 원활하게 이루어지지 않은 관계로 정확한 통계를 알기 어려운 실정이다.

조계종 총무원 예산은 매년 발표되기 때문에 알 수 있지만 더 규모가 큰 교구 본사의 예산은 지금까지 공개된 바가 거의 없어 전체 규모를 알 수 없다. 다만 97년 강남 봉은사의 1년 재정이 96억여 원 정도였음을 공개하여 세인의 관심을 끌었다. 강남에 위치한 봉은사는 본사 가운데 재정적 여력이 큰 사찰임을 감안할 때 전국의 본사 모두가 동일하다고 추측할 수 없다. 여타 다른 종단의 예산 역시 공개하는 곳도 있지만 공개되지 않는 곳이 더 많아 불교계 경제규모가 일목요연하게 파악되지 않는다.

광복 이후 불교계 분쟁에 항상 경제적 문제가 있었다. 1954년 시작된 정화 역시 청정한 수행자와 수행도량의 확보라는 이념에서 시작하였지만 결국 사원이 가지고 있는 경제적 가치를 얻으려는 모습으로 전락하였고, 지금도 심심찮게 발생되는 사찰의 분규가 이런 재정과 무관하지 않다. 그 결과 불교계 역시 그런 경제적 가치가 강조되어 금권화 현상을 보이고 있는 것이다.

이와 같이 불교계가 금권화 되는 근본에는 사원경제의 운영에 문제점이 있다. 가장 큰 문제는 재정의 비공개라 할 수 있다. 사실 사찰 중에서 재정을 정확하게 공개하는 사찰은 찾아보기 힘들다. 그리고 공개한다 해도 신뢰성을 갖출 수 있는 수준의 자료를 보기 힘들다. 더구나 일반 신도들에게 재정을 공개하는 사찰은 찾아보기 힘들다. 공개되지 않는 재정을 감독하고 통제한다는 것은 불가능한 일이다.

재정의 비공개는 사원경제 나아가 불교의 불신의 이유가 된다. 사원경제의 공개적 운영이 이루어지지 않고 있기 때문에 사원경제의 실제적 현상과 이를 보는 시각 사이에 괴리가 발생하기 때문이다. 그런 경향은 당연히 결산 및 감사제도의 미비로 이어지는 것이다. 종단에 등록된 공사찰인 경우는 형식적으로나마 예결산과 그에 근거한 감사를 받고 있으나 감사 자료가 사찰 재정의 현실을 있는 그대로 보여주고 있다고 믿을 수 있는 경우는 많지 않다고 지적한다.[33]

그래서 금권을 가진 일부 승려가 금권을 매개로 종권의 핵심인 총무원과 연결되어 부패의 온상이 되고 있다는 지적이다. 그래서 최우선 과제로 총무원장, 종회의원, 교구 본사 주지 자리가 돈에 의해 좌우되는 구조부터 해결되어야 한다는 의견이 수행자로부터 나오고 있는 것은 그만큼 사안의 심각성이 있다는 것이다.[34]

다음은 비경제적 재산관리가 문제이다. 다른 종교에 비해 불교는 역사 속에서 축적된 상당한 양의 물적 토대를 갖추고 있다. 그렇지만 그런 유형무형의 재산을 활용하여 경제적 가치를 생산하는 것에 매우 소홀하였다. 그럴 뿐만 아니라 유형무형의 자산 때문에 각 본사의 재정은 천차만별이다. 이런 현상은 수행자가 어느 곳에서 수행하느냐에 따라 재정적 여건이 달라진다. 한 종단에서 출가한 수행자가 수행하는 곳에 따라 재정적 혜택이 달라진다면 그것은 평등의 정신에 어긋

---

33) 김응철, 「한국불교 현대 사원경제의 현황과 문제점」, 〈중앙승가대논문집〉 제4집, 중앙승가대학교, 1995, p.180.
34) 수경, 「조계종은 지금 어디로 가고 있는가」, 〈불교평론〉 제9권 제1호, 2007. 1, p.156.

난다. 이것을 통일시킬 필요가 있다. 사찰에 따라 재정지출액의 차가 매우 크다면 재정 규모가 큰 사찰에 대한 선호도가 크며, 사찰분규의 원인이 되고 있다는 지적도 경청할 만하다.[35]

이런 불교계의 금권화는 많은 피해를 가져올 수 있다는 데 문제점이 있다. 먼저 금권화는 전통적 사원 관계를 무너뜨리고 있다. 예전부터 사원경제는 공동체 운영이며, 구성원들의 공유의식을 기초로 한다. 또한 여기에 무소유의 원칙이 있어 재산의 증가는 수행자가 취하는 자세가 아니다. 그러나 본사주지 선출과 종회의원 선출 그리고 종단 지도부의 선출이 모두 선거로 이루어지고, 말사 소임을 맡아 본사에 분담하는 분담금 관계가 투명하게 공개되지 않는 한 불교계의 금권화는 더욱 커질 수 있는 개연성이 내포되어 있다.[36]

이미 한국불교는 사원의 금권화에 따른 심각한 문제가 발생되고 있다. 금권화에 의해 일부 계층에만 권력이 쏠리면서 사찰경제의 공동체성이 급격히 파괴되고 있다. 그리고 그런 금권화에 합류하지 못한 수행자에 의해 사설사암을 소유하려는 바람이 거세게 일어나고 있기 때문이다.

이런 종단의 금권화는 수행승에게도 영향을 미치고 있다. 수행자들은 여름과 겨울 정기적으로 안거를 하는데 이들은 대부분 사찰에서 아무런 소임을 맞지 않기 때문에 다음 안거 때까지 생활과 여비인 해

---

35) 김응철, 「한국불교 현대 사원경제의 현황과 문제점」, 〈중앙승가대논문집〉 제4집, 중앙승가대학교, 1995, pp.178-181.
36) 수경, 「조계종은 지금 어디로 가고 있는가」, 〈불교평론〉 제9권 제1호(2007년 1월), p.145.
지금 조계종단은 '권력'과 '돈'이라는 두 바퀴의 수레를 타고 위태로운 질주를 하고 있다고 지적하고 있다.

제비가 주어진다. 그런데 이 해제비가 많은 곳으로 수좌들이 모이는 것이다.37)

이러한 사원의 금권화를 막기 위해서는 사원경제 운영의 합리화가 우선적으로 고려되어야 한다. 그것은 투명한 공개가 필수적이다. 보다 객관적 합리화를 꾀하기 위해 재가자의 적극적인 참여도 고려할 만하다.

2005년 조사에 의하면 투명한 사찰 운영을 위한 우선과제를 묻는 문항에서는 사찰운영위원회를 실질적으로 운영해야 한다는 의견과 재정을 공개해야 한다는 답변이 많았다. 33.2%의 스님들과 39.5%의 재가자들이 '사찰운영위원회의 실질적인 운영'을 꼽았고, 스님 31.2%와 재가자 36.6%의 응답자들은 '재정 공개'를 선택했다.38)

이런 조사결과에 의하면 사원경제는 공유와 평등의 정신을 유지하면서 동시에 현대사회에 맞는 새로운 운영의 원리를 받아들일 필요가 있다는 것이다.39) 그런 면에서 '사회감사제'를 도입하여 제삼의 손으로 삼보정재가 개인의 재산이 되는 흐름을 차단하거나, '제도혁신위원회'나 '불사심의위원회' 등을 통해 불투명하고 낭비적인 대형불사 문화에 제동과 감시가 이루어져 부정 비리의 온상이 될 수 있는 음습한 부분을 원천적으로 제거해야 한다는 주장은 불교의 금권화를 막는 방법일 수 있다.40)

---

37) 윤남진, 「불교교단의 자본주의화의 문제」, 〈참여불교〉 제22호(2005. 9), pp.26-28.
38) 〈현대불교〉 2005. 10. 15.
39) 김응철, 「한국불교 현대 사원경제의 현황과 문제점」, 〈중앙승가대논문집〉 제4집, 중앙승가대학교, 1995, p.158.
40) 박광서, 「개혁 없이 불교 미래 없다」, 〈불교평론〉 제23호(2005. 07), p.129.

2. 불교권력의 정치화 경향

현대 사회에서 종교는 사회적 권부로 성장하였다는 것이 일반적인 견해이다. 실제 종교는 내부적으로 견제할 수 있는 구조가 아니며, 정교분리에 의해 외부에도 견제할 수 있는 상대가 없는 상태가 지속되면서 이제 종교는 어느 누구도 언급하기 조차 쉽지 않은 우리 사회의 권부로 성장한 것이다.[41]

실제 불교가 권력화되었는가에 대한 최근의 설문 조사에 이르면 87년 민주화 이후 종교단체는 사회적으로 권력화되었다는 의견에 대해 52.3%가 동의하여 대체적으로 성직자나 종교단체가 권력화된 것으로 조사되고 있다. 불교의 경우 70.4%로 개신교 58.9%, 천주교 32.7%에 비해 상대적으로 더 권력화된 것으로 나타났으며, 불교의 성직자가 교단 내에서 권력화되었다는 의견에 대해서도 '매우 그렇다'가 22.4%이며, '그렇다'가 44.8%로 모두 67.2%로 개신교 60.4%, 천주교 22.9%에 비해 가장 높게 나타났다.[42]

불교가 권력화되는 데에는 신도들을 선거에 이용하려는 정치인들의 의도도 무시할 수 없다.[43] 정치인들에게 종교는 특별관리 대상이다.[44] 2005년 종교인구 조사에 의하면 불교는 1,073만 명으로 주요 종교 가운데 가장 큰 규모이다. 그리고 1990년대 이후 서울과 수도권을 중심으로 초대형 사찰들도 생겨나기 시작했고 지역별, 직능별, 연령별, 성별로 치밀하게 조직화되어 오늘날 가장 포괄적이며 다기능적

---

41) 정웅기, 「권력과점 고착화되나」, 〈참여불교〉 제21호(2005. 05), p.8.
42) 〈참여불교〉, 2007년 8월호, p.8.
43) 윤남진, 「교단자정, 종교계의 투명성에 대해 깊어가는 사회적 요구」, 〈참여불교〉 2008년 1월호, p.7.
44) 정웅기, 「권력과점 고착화되나」, 〈참여불교〉 제21호(2005. 05), p.8.

인 조직으로 인식되기 때문이다.[45]

실제 불교가 가진 거대한 인적·물적 조건은 오늘날 한국불교가 사회적 기여 이상의 과도한 지위와 권한을 누리는 권력화에서 자유로울 수 없으며, 권력화된 불교는 국가와 사회에 기여하는 것 이상으로 이익을 창출하려 한다. 그래서 자연스럽게 불교권력의 정치적 침습이 나타나게 된다. 첫 번째는 국가권력과의 유착으로 여기에는 주기적으로 문제를 야기해 온 문화재 관람료, 정부가 일방적으로 집행해 온 지방세교부금과 같은 국민세금이 불교계 지원되는 예이다. 실제 2007년 우리 사회에 크게 파문을 일으킨 신정아 변양균 사건 때 그들과 밀접한 관계에 있던 여러 사찰들이 교부금 혜택을 본 것이 그런 예이다. 이것이 정형적인 정교유착의 폐해이다. 종교가 정치에 간여함으로써 양자의 장점만이 나타나리라고 기대하지만 오히려 양자는 동반적으로 부패하고 타락할 위험이 있는 것이다.[46]

두 번째는 국가 공공영역의 인사문제에 대한 불교계의 공공연한 개입이다. 노태우, 김영삼, 김대중, 노무현 대통령에 이르기까지 불교를 포함한 주요 종교가 정권 저변에 인력을 제공하는 역할에서 적지 않은 영향력을 행사하였다.[47] 실제 2002년 대선후보에게 불교계가 요구한 내용을 보면 장, 차관급 고위공직자 인사의 종교 간 형평성 고려, 국가 법령에 의해 설치되는 각종 위원회의 경우도 종교적 형평성을 고려해 선출해줄 것을 요구하였다.[48]

---

45) 강인철, 「한국사회와 종교권력」, 〈역사비평〉 제77호(2006 겨울), p.137.
46) 채규철, 「한국의 정치문화와 종교문화」, 〈불교평론〉 제7호(2001년 7월), p.256.
47) 정웅기, 「권력과점 고착화되나」, 〈참여불교〉 제21호(2005. 05), pp.6-7.
48) 〈현대불교〉 2002. 11. 13.

이런 차원을 넘어 대선 때가 되면 불교계 역시 적극적으로 정치에 참여하는 모습이다. 불교가 정교분리원칙에도 불구하고 정치에 과도한 관심과 참여는 지금까지 누려온 종교권력의 기득권을 유지하고 나아가 이를 증대하려는 의도가 숨어 있다.[49]

노태우가 대통령 후보자였던 1987년 10월 불교계는 불교계의 지지를 담보로 불교재산관리법을 폐지하고 전통사찰보존법으로 전환한 점과,[50] 1987년 11월 조계종 총무원장 서의현은 전국 본말사에 국가 안정과 불교진흥을 위한 기원법회를 12월 1~15일에 봉행토록 독려하였고, 불교를 이해하는 분이 국정에 참여할 수 있도록 하여 호국불교의 전통을 계승하자고 촉구하였다. 그리고 11월 27일 선거를 앞두고 노태우 후보를 초청하여 나라 안정과 불교중흥을 위한 불교지도자 기원대법회를 개최하여 지지를 표명하고, 후보자 역시 불자임을 내세워 지지와 방송국 설립에 적극 협력하겠다는 정치적 관계를 형성하였다.[51]

이후 1992년, 1997년, 2002년 계속된 대선구도에서 불교계는 정교분리의 입장에서 지켜보지 않았다. 1992년 대선 때는 교계 언론을 중심으로 주요 후보자들을 초청하여 불교현안을 해결하려는 의도가 있었다. 이때 대선 후보자 역시 표를 의식하여 불교와 관련된 지원을 약속하였다.[52]

불교계의 현실 정치에 대한 참여가 깊어지면서 대선 후보자를 내세

---

49) 이진구, 「정교분리담론과 정교유착의 현실」, 〈불교평론〉 제7호(2001년 7월), p.175.
50) 〈불교신문〉 1987. 11. 4.
51) 〈불교신문〉 1987. 12. 2.
52) 〈불교신문〉 1992. 11. 4.

운 정당들은 불교계의 현안문제를 공식적인 공약으로 발표하기에 이르렀고, 대선홍보물에 불교를 비하하는 글을 게재하였다가 사과를 하는 경우도 생겨났다.[53]

2002년에 이르면 조계종은 12월 대선을 앞두고 종단과 관련하여 제·개정하여야 할 국가법령 국고지원 사업 및 정책 개발 대안을 마련하고 각 정당 대통령 후보자 공약 사항을 평가분석하기 위해 대정부정책개발팀을 출범시켰다.[54] 기획실장이 총괄하며 총무국장 및 총무원 각 부서별 실무자들이 참여하여 대통령 후보들의 불교계 공약을 면밀히 검토하고 어떤 사안이 정부정책에 반영돼야 하는지를 연구하는 역할이었다. 그리고 책임 있는 공약을 위해 직접 공약에 사인을 하고 어떻게 실현할 것인가에 대한 답변까지 받아내겠다는 생각이었다.[55] 또한 한국불교종단협의회와 여러 불교 단체들은 후보자를 초청하여 공개 토론회를 갖는 등 예전에 볼 수 없었던 적극적인 정치참여가 이루어졌다.[56] 각 정당 역시 불교관련 공약을 제시함은 물론 선거와 관련하여 불교특별위원회를 발족하는 등 불교계와의 관계를 긴밀하게 유지하기 위해 적극적이었다.[57]

불교계가 정치에 관심을 갖고 가지고 있는 권력을 이용하면 현안문제에 대한 이권을 얻을 수 있다. 그러나 이런 불교의 권력은 불교의 질을 저하하는 부메랑으로 되돌아오는 것을 잊어서는 안 된다. 절대권력은 절대적으로 부패하는 것처럼 막강한 힘을 가지고 있는 불교계

---

53) 〈불교신문〉 1997. 10. 14.; 〈불교신문〉 1997. 12. 16.
54) 〈불교신문〉 2002. 11. 15.
55) 〈불교신문〉 2002. 10. 9.
56) 〈불교신문〉 2002. 11. 19.
57) 〈불교신문〉 2002. 12. 10.

가 스스로의 부패에 있어 안으로 자정할 수 있는 힘을 상실하기 때문이다.

현재 불교계 지도부에 대해 안에서 비판하고 감시할 수 있는 대항세력은 없다. 일부 재가불자들의 활동으로 지도부의 부패와 무능에 대해 일부 사회에 알려지고 있지만 종단운영에서 근본적으로 배제된 상태에서는 그 활동에 한계가 있다. 이런 분위기는 사회에까지 이어져 사회단체와 언론들도 불교를 포함한 3대 종교의 막강한 조직과 재정을 알고 건드리지 않는 것이 현실이다.[58] 그래서 불교권력의 정치화는 더욱 심화되는데 그것은 안에서의 비판세력 상실은 곧 밖의 견제세력의 상실로 이어지기 때문이다.

IV. 결론

현대불교의 권력화는 종권을 장악하려는 교단 집행부에서 시작되었다. 광복 후 비구 대처 간의 분쟁을 겪은 한국불교는 양측의 합의로 1962년 통합종단을 구성하였다. 그리고 쌍방의 합의에 의해 제정된 종헌 종법에 종권을 명시하였다. 이때 비구 측은 자신들이 맡게 될 종정에게 많은 권한을 부여하였다.

그러나 통합종단이 해체되고 조계종만으로 종단이 구성하면서 종정에게 많은 권한이 부여된 종헌 종법은 교단의 분쟁을 야기하는 원인이 되었다. 실질적인 권한을 행사하려는 종정과 원활한 종무행정의 집행을 평계로 독단적으로 일을 처리하는 총무원장이 빈번하게 부딪친 것이다.

---

58) 정웅기, 「권력과점 고착화되나」, 〈참여불교〉 제21호(2005. 05), p.8.

이런 권력구조는 60년대에서 70년대에 이르기까지 종정 중심제와 총무원장 중심제로 여러 번 개편되면서 반복되었다. 그리고 양측의 권력분쟁은 그 후 98년도 교단 분쟁에까지 계속되어 한국불교 교단 권력화에 가장 큰 원인이 되었다.

90년대 들어와 한국불교 교단 권력화의 모습은 총무원장이 연임을 넘어 3선을 강행하면서 생겨난 전제적 종권의 추구이다. 종헌 종법의 자의적 해석을 바탕으로 94년과 98년 두 번에 걸쳐 시도된 전제적 권력화는 한국불교의 낮은 수준을 보여주는 것이고, 그런 혼란한 틈을 이용하여 지도부의 권력을 차지하려는 모습은 불교계의 권력집착이 얼마나 큰지를 보여주는 단면이다.

80년도 중반부터 나타난 불교계 민주화는 90년대까지 계속되면서 승가의 자정이 강조되었다. 그러나 94년 감행된 총무원장 3선은 그런 노력을 헛되게 하였다. 그렇지만 개혁으로 개선된 제도는 교단 권력을 분산하는 긍정적인 역할도 있었다. 민주적인 방식으로 개선된 교단체제는 많은 대중들로부터 긍정적인 반응을 얻었다. 그러나 선거로 선출된 종회의원과 교구본사 주지가 새로운 교단의 권력화의 중심이 되면서 불교권력은 다각화되었고 그 폐해를 지적하는 의견들이 많아졌다.

불교권력의 다각화 못지않게 금권화와 정치적 참여의 증대도 문제점이다. 금권화의 가장 큰 문제점은 일부 계층에만 권력이 쏠리면서 사찰경제의 공동체성을 급격히 파괴하고 있기 때문이다.

불교권력의 정치화는 당면한 불교계의 현안문제를 해결할 수 있으나 절대 권력은 절대적으로 부패하는 것처럼 불교계가 막강한 힘을 가진다면 스스로 자정할 수 있는 힘을 상실하기 때문이다.

■ 논찬

"현대불교와 종교권력"에 대한 논찬

김영태 교수
(전남대학교, 윤리학)

A. 논찬자가 이해한 논문의 개요

I. 서언

우리나라는 다종교 사회이다. 종교는 사회를 교화하는 순기능도 해왔지만 종교 간의 갈등을 빚은 역기능도 있었다. 종교는 고유한 영역이 있다. 불교의 근본 목적은 자신에 대한 성찰과 완전성을 이루려는 수행이다. 그러한 본질에도 불구하고 정치적 주체와의 갈등, 화해, 조화를 반복하면서 흘러온 것이 사실이다. 국가 권력은 사회 통제자라고 하는 미명아래 불교를 억압하였지만 그 이면에는 불교계의 유형 무형의 자산을 이용하려는 목적을 배제할 수 없다. 국가 권력이 불교를 통제하려는 것도 문제이지만 불교 스스로 권력화되어 안으로 자정의 능력을 상실하는 것은 더 큰 문제이다. 1945년 8월 15일 광복 이후 현대사회로 접어든 불교는 많은 굴곡을 겪었다. 종교가 자정 능력을 잃으면 분열과 분쟁을 야기한다. 현대 불교에서 일어난 많은 분쟁이 그것을 반증한다. 불교의 권력화는 세속화를 의미한다. 불교계가 내부적 능력을 향상시키기보다는 이권을 향해 세속의 이익집단처럼 행동한다면 권력화와 세속화를 우려하여야 한다.

II. 현대 불교의 권력화 양상
1. 교단의 권력화 양상

불교계에 권력화가 나타나기 시작한 것은 종단이 설립되고 지도부가 구성되면서 구성원간의 알력에서 비롯되었다. 1962년 4월 통합 종단의 출발은 조계종이 비구·대처의 분쟁에서 벗어나 명실상부 한국 불교를 대표하는 계기가 되었다. 그러나 얼마가지 않아 종권 장악을 놓고 종정과 총무원장이 대립함으로써 권력 분쟁이 나타나기 시작하였다. 그 원인은 한쪽으로 치우친 종권에 있었다. (예 : 종정 청담과 총무원장 손경산의 갈등)

청담은 제 3대 종정 윤고암 체제하에서 박기종, 월산 등이 총무원장을 거치는 동안에도 종권의 주도권을 잡기 위해 부단히 노력한 끝에 장로원장에 추대되고 제 6대 총무원장에 취임하는 등 종권을 장악하였다. 그 뒤엔 총무원장에 강석주, 손경산으로 이어지고 고암 종정과 손경산의 갈등 끝에 고암이 사퇴하고 이서옹이 5대 종정으로 취임한다. 그 뒤 조계사 측과 개운사 측의 대결구도에서 개운사 측이 승리함으로써 종회의장과 총무원장 등 요직을 독점하게 되었다. 그러나 쌍방 종회의 합의로 송월주가 제 17대 총무원장에 취임하였다. 하지만 조계종 자율정화 등 자구책 강구 중 1980년 10월 27일, 전국 사찰에 계엄군이 투입됨으로 소위 법난이 일어나게 되었다.

2. 전제적(專制的) 종권 추구

1986년 8월 22일 총무원장이 된 서의현은 두 번째 임기를 마치면서 3선을 강행하여 절대적 권력을 추구하려 했다. 3선 도모 의도는 당시 불교계의 비리(정대철 의원에 의해 제기된 상무대 이전 과정의 금품수수 의혹)를 무마하기 위함이었다. 따라서 서의현의 3선 음모를 저지하기 위한 '범승가 종단 개혁 촉진 위원회(범종추)'가 결성되었다. 이 과정에서 정부가 서의현을 지지했으나 더 이상 지지가 불가능케 되자 월주가 다시 총무원장이 되었으며 그 뒤 송월주가 총무원장 3선을 강행하여 연임이 되었다. 이에 송월주 권력화에 월하 종정이 불만을 표출함으로써 분규가 지속되었다. 그 뒤 제 29대 총무원장에 고산이 당선되었으나 고산도 사법부의 판결과 뒤이은 공권력의 투입으로 물러나게 되고 정대가 총무원장으로 선출되기에 이르렀다.

III. 불교권력의 변화와 영향

1. 불교권력의 다각화 양상

1) 중앙 종회와 교구본사의 권력화

1994년 서의현의 3선 강행을 저지한 불교계는 종무행정을 변화하였다. 그러나 1994년 개혁 종단 이후 많은 권한을 가지게 된 것은 종회이다. 조계종의 각종 선출직 모두를 중앙 종회에서 선출하다보니 권한이 더욱 막강해진 것이다. 중앙종회의 권력화에는 내부적 특권에도 원인이 있었다. 그 대표적인 예가 불징계 특권이었다. 이 특권은 청렴한 입법 활동과 총무원 등 종무기관에 대한 견제 활동에 필요한 수단으로 주어진 것인데 개인적 불법 활동에 대한 보호차원으로 악용되어 종회 스스로 권력화를 용인하는 꼴이 되었다. 이와 같은 중앙 종회와 함께 불교계의 권력화에 한 축이 된 것은 교구본사 주지의 막강한 권력이었다. 왜냐하면 교구본사 주지는 총무원장 선거인단 10명을 임명할 수 있기 때문이다.

2) 불교의 금권화 현상

현대 산업사회는 물질적 가치를 매우 중시하는 사회이다. 이러한 현상이 불교에서도 강하게 일어 금권화 현상을 초래하였다. 따라서 금권을 가진 일부 승려가 금권을 매개로 종권의 핵심인 총무원과 연결되어 부패의 온상이 되고 있다는 지적이다.

2. 불교권력의 정치화 경향

현대 사회에서 종교는 사회적 권부로 성장하였다는 것이 일반적인 견해이다. 이 점과 관련해서는 불교, 개신교, 천주교 순으로 조사되고 있다. 불교가 권력화되는 데에는 신도 등을 선거에 이용하려는 정치인들의 의도도 무시할 수 없다. 정치인들에게 종교는 특별 관리의 대상이다. 또 국가권력과의 유착도 문제이다. 정교유착의 결과 불교의 질이 저하되고 부패하여 자정능력을 상실했다. 더 나아가 국가 공공영역의 인사 문제에 대한 불교계의 공공연한 개입이다. 그리고 대선 후보와의 유착도 있어 왔다.

IV. 결어

현대 불교 권력화의 효시는 종권을 장악하려는 교단 집행부에서 시작되었다. 그리고 분쟁의 주요인은 종정과 총무원장 권한의 대립 때문이었다. 특히 한국 불교 교단의 권력화의 표상은 장기집권 총무원장의 권한이라고 할 수 있을 것이다. 이것을 방지하기 위해 중앙종회의 권한과 교구 본사의 권한을 신장시키고 직접선거를 실시하였지만 오히려 종회의원과 교구본사의 주지가 새로운 권력화의 중심이 되면서 불교권력은 다각화 현상을 나타내었다.

B. 논찬

본 논문에 의하면 불교 종단 내부의 권력화의 주요인은 종정과 총무원장 간의 권력 다툼 내지는 총무원장의 장기집권 음모에서 비롯되는 분쟁, 사찰간의 파벌, 그리고 불징계 특권을 지닌 종회 의원으로 구성된 중앙 종회와 교구본사 주지의 권력화라고 분석한 발표자의 지적은 매우 예리한 관찰로 보이며, 역사적으로 권력다툼에 등장한 종정들과 총무원장들의 실명을 거론함은 매우 진솔하고 용기 있는 분석이라고 생각된다. 그뿐만 아니라 불교 내부의 금권화 현상에 대한 분석 또한 용기 있는 지적으로 보인다. 따라서 불교 내부의 권력다툼의 주범은 종권이라는 명예욕과 금권이라고 하는 재물욕으로 요약할 수 있겠다. 그런데 불교 내부의 권력화가 내부에 머물지 않고 세속 정치에까지 연계되어 있다는 사실이다. 가장 많은 신도(유권자)를 가진 불교를 향해 손짓하는 많은 정치인들의 유혹도 문제려니와 그것을 미끼로 정계와 국가 권력에 손을 뻗치는 불교계의 정치 지향적 인사들이 정교(政敎)유착의 원인이 되고 있는 것이다. 게다가 유형무형의 불교재산을 통한 흥정과 야합이 정교유착의 중요한 요인이라고 볼 수 있겠다.

이와 같은 불교의 세속화는 불교의 본질에서 너무나도 많이 벗어나 있다고 아니할 수 없다. 왜냐하면 불교도의 이상(理想)인 부처님의 삶과는 너무나도 대조적이기 때문이다. 왕궁에서 왕자로 태어났던 석가모니 부처님은 권력과 부를 뒤로하고 고행과 가난의 길을 택하여 수행 정진하지 않았던가! 인간의 본성 가운데 권력에의 의지(will to power)가 차지하는 비중이 크다고는 하지만 현대 한국 불교지도자들의 행태는 아무리 생각해 보아도 지나치다고 아니할 수 없다. 불교의 본래적 형태는 'having-form'이 아니라 'being-form'이 아닐까? 따라서 불교 중흥의 길은 무소유의 실천과 불국정토(佛國淨土)를 향한 각고의 도정일 것이다.

1970년대의 한국 불교는 호국불교 이념을 내세우기 위해서 박정희 정권과 아주 원만한 관계를 맺었던 것으로 생각된다. 특히 육영수여사가 독실한 불교신자로서 불교계와 원만한 관계를 맺는 데 중요한 역할을 하지 않았나 하는 생각이 든다. 그러나 1990년대 이후에는 송월주 스님의 "불교의 사회화" 이념과 정책에 따라 불교는 과거의 친여, 보수의 일방적인 정치적 스펙트럼에서 벗어나 상당히 다양한 스펙트럼을 갖게 되었고 교단과의 협력 하에서 사회참여, 정치참여를 하였다고 볼 수 있을 것이다.

막스 베버(Max Weber)는 불교를 기존 체제에 도전해서 사회 변화를 촉진할 수 없는 비정치적인 종교로 보았다. 그러나 미얀마와 스리랑카의 불교는 식민지 정부에 대항해서 민족주의 운동을 주도했다. 현재 벌어지고 있는 티베트 사태도 그러한 맥락에서 이해할 수 있을 것 같다.

로버트 벨라(Robert Bellah)는 종교와 정치의 관계를 유형화했는데 첫째, 종교와 정치체제가 지나치게 유착되어 있는 긴밀한 통합유형(긴밀한 통합), 둘째, 종교가 현실문제에 아예 무관심하거나 지나치게 분리된 유형, 셋째, 다종교 상황에서 국가가 종교에 대하여 중립을 지키며 모든 종교를 동등하게 대우하는 정교분리의 유형, 넷째, 종교가 초월적인 이상에 맞추어서 현실의 사회체제를 비판하고 도전하는 창조적인 긴장의 유형. Bellah는 네 번째 유형을 가장 바람직한 관계로 보았다. 그러나 그 이상을 넘어서 성직자들이 정치에 직접 참여한다든지 종교권력으로서 행세하면서 특혜를 받을 생각을 한다면 그 다음부터는 더 이상 종교가 아닐 수 있다.

정치는 피할 수도 없고 피해서도 안 되는 삶의 중요한 영역이다. 정치는 인간 사회의 중요한 가치들을 토론과 합의를 통해서 정책으로 세우고 제도로 실현해가는 행위라고 규정할 수 있다. 그러므로 오랜 전통과 가장 많은 신도수를 보유하고 있는 불교가 한국 정치와 국가권력과의 관계 속에서 원만하고 바람직한 자세를 취해 주기를 바란다. 지나치게 정치를 외면해서도 안 될 것이며 지나치게 개입해서도 안 될 것이다. 불교가 국민들의 마음을 하나로 묶어주는 정신적 통합기능을 게을리 하지 않으면서 국가 권력이나 정치가 크게 탈선했을 때는 강력하게 시정을 촉구해서 나라의 기강을 바로 잡는 데 일조하기를 바란다. 이러한 일을 수행하기 위해서는 불교 자체가 우선 도덕성을 갖추지 않으면 안 된다.

끝으로 김경집 교수님의 현대 한국 불교 상황에 대한 예리하고 꼼꼼하며 진솔하고 용기 있는 분석에 대해 많이 배웠고 또한 감사드린다. 본 논문에서는 불교 교단 내의 권력화의 요인과 양상 그리고 불교권력의 세속정치화 경향을 잘 분석함으로써 현대 한국 불교를 아주 잘 진단하고 있다고 본다. 그러나 지적된 문제들에 대한 치유방안이나 향후의 예방책은 제시를 하지 않고 있는데 이 점은 다소 아쉽게 여겨진다. 가능하다면 이 자리를 빌려 교단 내·외적으로 권력화되고 왜곡된 한국불교가 앞으로 나아갈 바람직한 방향에 대해서 말씀해 주시면 감사하겠습니다.

4. 한국개신교와 종교권력

이진구 교수
(호남신학대학교, 종교학)

I. 서론

우리가 일상생활에서 사용하는 '권력'이라는 말은 흔히 '국가권력'과 동일시된다. 권력이라는 용어에서 우리는 검찰, 경찰, 군대와 같은 공권력을 지닌 국가권력을 제일 먼저 떠올리기 때문이다. 그렇지만 권력에는 정치권력으로서의 국가권력만 존재하는 것은 아니다. 자본권력, 사회권력, 문화권력 등이 존재하며 최근에는 지식권력, 문학권력, 학술권력 등과 같은 새로운 용어들이 계속해서 등장하고 있다. 이는 우리 사회의 모든 영역에 권력이 작동하고 있다는 것을 의미한다.

최근 어떤 학술지에 한국사회의 '5대 권력'을 해부하는 특집이 실렸는데 법조권력, 언론권력, 교육권력, 재벌권력과 함께 종교권력이 포함되었다.[1] 이 특집에 의하면 5대 권력은 비정치 영역에 속하는 부문

---

1) 〈역사비평〉 2006년 겨울호에 5대 권력을 해부하는 5편의 논문이 실렸으며 그중 '종교권력'은 강인철 교수가 "한국사회와 종교권력 : 비교역사적 접근"이라는 제목으로 집필

권력들로서 현재 한국사회의 개혁을 가로막는 강고한 장애물이다. 여기에 종교권력이 포함되어 있다는 것은 우리에게 매우 중요한 메시지를 던진다.

많은 사람들 특히 독실하고 경건한 신앙의 소유자로 간주되는 사람들일수록 종교를 권력과 연결시켜 생각하는 것에 거부감을 느끼는 경향이 있다. 종교는 지극히 사적인 영역에 속하는 성스러움의 영역으로서 세속적 권력의 세계와는 애초부터 그 본질을 달리한다고 보기 때문이다. 이러한 논리에 의하면 종교는 권력화될 수 없는 것이다.

그러나 우리의 현실은 이러한 소박한 종교 이해를 쉽게 무너뜨린다. '가장 무서운 집단, 종교권력!'[2] 혹은 "우리사회에서 유일하게 남은 성역, 여전히 절대 권력을 누리고 있는 종교계"[3]라는 표현들에서 잘 드러나듯이 현재 한국사회의 종교는 가장 강력한 권력집단의 하나로 인구에 회자되고 있다. 지금 시민사회의 지탄을 받고 있는 종교는 이른바 '사이비종교'로 불리는 일부의 소수종파들이 아니라 한국사회의 주류로 자리 잡고 있는 종교들이다. 특히 개신교는 그러한 비판의 한복판에 자리 잡고 있다.

인터넷에 개설된 수많은 안티기독교 사이트들로부터 시작하여 MBC의 〈PD수첩〉이나 〈뉴스 후〉와 같은 시사고발 프로그램, 전문학술지의 특집기사, 시사 잡지들의 커버스토리, 그리고 교회 내부의 개혁세력에 의한 개신교 비판은 그 내용이 너무 많아 일일이 열거하기 힘들 정도이다. 그래도 몇 가지 대표적인 예를 들어보면, 대형교회의

했다.
2) "[커버스토리] 가장 무서운 집단, 종교권력!", 〈한겨레21〉 제342호, 2001년 1월 9일.
3) 〈종교법인법제정추진 시민연대 창립선언문〉, www.rnlaw.co.kr.

목회 세습, 교회지도자들의 헌금 유용과 교회재정의 불투명성, 목회자들의 사치스러운 생활 및 도덕적 탈선, 교회 안의 성차별과 성폭력, 단군상, 불상, 장승의 파괴, 공공장소에서 큰소리로 외치는 전도활동, 그리고 작년 아프가니스탄 한국인 피랍 사건과 관련하여 불거진 해외선교에 대한 비난 등이 있다. 이러한 비판과 비난을 열거하다 보면 오늘날 개신교는 우리사회의 '빛과 소금'이 아니라 '공공의 적'이 아닌가 하는 느낌이 들 정도이다.

개신교를 향해 쏟아지는 이러한 비판들은 별개의 현상들로 존재하는 것이 아니라 하나의 뿌리로 연결되어 있다. 이러한 비판들은 모두 개신교가 우리사회의 거대한 종교집단으로 자리 잡으면서 생겨난 현상들이다. 요컨대 개신교의 권력화, 종교권력으로서의 개신교가 산출한 현상들이다.

따라서 이 글에서는 개신교가 어떠한 역사적 과정을 거쳐 한국사회의 강력한 종교권력으로 탄생할 수 있었는가를 추적하고, 최근에는 그러한 종교권력이 어떠한 방식으로 작동하고 있는가를 교회 내부, 시민사회 영역, 그리고 정치 영역과의 관계를 중심으로 규명한다.

II. 개신교는 어떤 과정을 거쳐 종교권력으로 탄생하였는가?

오늘날 개신교가 우리사회에서 가장 막강한 사회적 힘과 영향력을 행사하는 종교라는 사실을 부정할 사람은 거의 없을 것이다. 인구센서스 조사에 의하면 2005년 현재 개신교인은 860여 만 명이며, 교계의 추산에 따르면 교회 수 5만~6만 명, 목회자 수 10여만 명이다. 사실 개신교의 사회적 영향력은 교인 수나 교회 수 자체보다는 개신교계의 각종 시설과 기관에 의해 보다 정확히 평가될 수 있을 것이다.

현재 개신교는 유치원에서부터 대학원에 이르는 각종 교육기관, 교계신문에서 일간신문에 이르는 수십 여종의 신문, 수백 종의 잡지, 라디오에서 위성방송에 이르는 여러 개의 방송, 고아원과 양로원으로 대표되는 수많은 사회복지시설에 이르기까지 일일이 셀 수 없을 정도로 많은 기관과 시설을 보유하고 있다. 또한 개신교는 군대, 경찰서, 교도소와 같은 국가기구에도 일찍부터 진출하여 다른 종교들보다 훨씬 많은 수의 군종, 경목, 형목을 파견하고 있다. 국회의원, 교수, 변호사, 기업인, 의사와 같은 사회지도층의 경우에도 개신교인의 비율이 매우 높은 것으로 알려져 있는데, 이보다 더 중요한 것은 이러한 직업들에는 거의 대부분 신우회가 조직되어 있다는 사실이다. 신우회는 기본적으로 신자들의 신앙생활을 위한 친목 모임의 성격을 지니고 있지만 '유사시'에는 개신교계의 '제도적 이익'을 옹호하는 일종의 '압력단체'로 화할 수 있는 잠재력을 지니고 있다. 이처럼 오늘날 개신교는 남한사회의 어떤 종교나 어떤 집단도 감히 넘보기 힘들 정도의 방대한 인적, 물적, 조직적 기반을 지니고 있다.

그러면 개신교는 어떠한 역사적 과정을 거쳐 이처럼 거대한 종교집단이자 사회세력으로 등장할 수 있었는가? 잘 알려져 있다시피 19세기말 미국 선교사들의 선교활동에 의해 시작된 한국 개신교는 세계의 여타 지역과 달리 초기부터 현지사회의 저항을 별로 받지 않고 한국사회에 안착할 수 있었던 '행운의 종교'였다. 여기에는 여러 요인이 복합적으로 작용하였지만 개신교가 '미국의 종교'로 간주되었던 것이 큰 역할을 하였다.

당시 청국 외교관이었던 황준헌이 저술한 〈조선책략〉(1880)은 조선 지식인들에게 큰 영향을 미쳤는데 이 책은 미국을 영토적 야심이 없는 나라로 그리는 동시에 개신교와 천주교의 차이를 강조하고 있다. 이 책에 의하면 천주교는 '프랑스의 종교'인 데 비해 개신교는 '미의 종교'이다. 천주교는 정치에 간섭하는 종교로써 과거 조선사회에서 수많은 문제를 일으켰지만, 개신교는 정치에 관여하지 않고 국법을 준수하는 종교이다. 더구나 개신교를 믿는 사람들은 대부분 순박하고 선량한 사람들이다. 따라서 개신교를 도입해도 아무런 해가 없다는 것이다. 이처럼 이 책은 미국과의 우호관계 정립과 개신교의 도입 필요성을 역설했다.[4]

이러한 시대적 분위기 속에서 유입된 개신교는 미국 근대문명의 원동력으로 간주되었다. 개신교에 덧칠해진 이러한 '문명종교'의 이미지는 당시 개화 지식인들의 문명개화 노선, 왕실의 부국강병 노선, 근대적 의료에 대한 민중의 절박한 욕구, 서구식 교육을 통해 신분 상승을 추구하는 청년층의 욕망에 모두 잘 부합하였다. 따라서 개신교는 개항기 한국사회에서 선교활동에 유리한 발판을 마련하였지만 막상 개신교로 개종한 사람의 숫자는 그리 많지 않았다. 개신교의 유일신 신앙이 한국인들의 전통적 신앙과는 너무 이질적인 것으로 보였기 때문이다.

일제하의 개신교는 개항기에 마련된 선교의 발판을 더욱 확장하는 데 성공하였다. 당시 선교사의 대부분은 정치적으로는 미국 시민이었고 종교적으로는 보수 신앙의 소유자들이었다. 따라서 미국 선교사들은 본국 정부의 대일정책과 자신들의 정교분리 신앙에 입각하여 일제

---

4) 송병기 편역, 『개방과 예속』, (단국대학교 출판부, 2000) (《조선책략》 번역문); 이진구, "한국 개신교와 친미반공 이데올로기", 〈아웃사이더〉 12호, 2003년, 20쪽.

의 통치에 적극 순응하거나 협력하는 태도를 취했다. 물론 한국 개신교인들은 선교사들과 달리 일제의 지배를 직접적으로 받는 당사자였기 때문에 식민권력에 무조건 복종할 수만은 없었다.

당시 개신교인들은 다양한 형태의 민족운동에 참여하였는데 과격한 형태의 '무장투쟁'보다는 농촌운동, 계몽운동, 절제운동과 같은 온건한 형태의 '실력양성운동'을 주로 선택하였다. 식민권력과 직접 충돌할 수 있는 '정치운동'보다는 식민지인들의 사회적 삶의 개선과 같은 보다 중장기적 목표를 지닌 '사회운동'을 선호하였던 것이다. 이러한 사회운동은 '교회의 비정치화'를 염원한 선교사들과 '종교의 비정치화'를 유도한 총독부의 시책에도 잘 부합하였기 때문에 합법적 형태를 취하면서 활발하게 전개될 수 있었다. 개신교의 이러한 사회운동은 사회주의 진영에 의해서는 개량적이고 타협적인 운동으로 비판받았지만 대다수 식민지 조선인들로부터는 긍정적 반응을 얻을 수 있었다. 이처럼 일제하 개신교의 주류는 '적극적 항일'과 '적극적 친일'의 양극단을 벗어난 온건한 형태의 민족운동 즉 '사회운동'에 주력함으로써 해방 후 한국사회에서 비교적 긍정적인 이미지를 유지할 수 있었다.

종교지형의 측면에서 보면, 일제하 개신교는 국가유교의 해체로 인해 새롭게 재편된 종교영역에서 전통종교를 대표하는 불교, 신흥 민족종교를 대표하는 천도교, 그리고 같은 서구 외래종교에 속하는 가톨릭과 치열한 경쟁을 벌여야 했다. 전체 인구에서 차지하는 개신교인의 비율은 매우 낮았지만 당시 개신교의 물적 제도적 기반은 상당하였다. 개신교는 미국이라는 선교 모국과의 네트워크를 지니고 있었을 뿐만 아니라 선교부의 물적 지원에 힘입어 상당수의 미션스쿨과 전문대학, 병원, 신문과 잡지, 사회복지기관 등을 이미 운영하고 있었다. 또 선교사의 알선을 통해 해외 유학을 마치고 귀국한 지식인들도 상당수 있었다. 이러한 요인들이 상승 작용을 하면서 개신교는 이미 일제강점기에 한국 종교 중에서 가장 사회적 위상이 높은 종교로 올라섰다.

개신교가 한국사회에서 보다 확고한 발판을 다진 것은 해방 이후다. 미군정과 1공화국을 거치면서 개신교는 다른 종교들이 따라오기 힘든 사회정치적 발판을 구축하였다. 미군정은 친개신교 정책을 취함으로써 개신교 인사들 특히 미국 유학파 출신의 개신교 지식인들을 대거 군정청 관료로 임용했으며 크리스마스를 법정공휴일로 지정하는 등 개신교의 사회적 위상을 강화하는 데 매우 유리한 정책을 펼쳤다.[5]

미군정의 이러한 개신교 우대정책은 이승만 정권하에서는 더욱 강화되었다. 독실한 개신교 장로인 이승만 대통령은 제헌국회의 개막을 기도로 시작하게 하였으며 자유당 정권의 핵심 요직에는 개신교 인사들이 대거 포진하였다. 더 나아가 이승만 정권은 적산 불하 과정에서 개신교에 많은 특혜를 주었으며 군종, 형목, 경목 제도의 설치 과정에서도 개신교에 우선권을 부여하였다.[6] 그 결과 1공화국 시절에는 군대와 경찰, 감옥과 같은 국가 이데올로기 기구에서 차지하는 개신교의 영향력이 급증하였다. 그래서 어떤 이들은 1공화국을 '개신교 공화국'이라고 부르기도 한다.

이처럼 미군정과 자유당 정권은 개신교의 사회적 기반을 확충함으

---

5) 강돈구, "미군정의 종교정책", 〈종교학연구〉 12호, 1992, 15-42쪽.
6) 강인철, 『한국 기독교회와 국가·시민사회 1945-1960』, 한국기독교역사연구소, 1996 참조.

로써 개신교를 한국 사회의 '주류 종교'로 만드는 데 결정적 기여를 하였다. 이제 남은 것은 교인수의 증가였다. 자유당 시절 개신교인의 숫자는 전체 인구의 5%를 넘지 못했다. 주류 종교가 되기에는 큰 약점이었다. 이러한 결정적 약점이 보완된 것은 군사정권 시대에 이르러서였다.

박정희 군사 정권은 이승만 정권처럼 친개신교 정책을 펼치지는 않았지만 이 시기에 개신교는 폭발적 성장을 거듭하였다. 잘 알려져 있다시피 '한강의 기적'이라고 불리는 군사정권 시절의 경제적 고도성장은 개신교의 경우에는 '성령의 기적'으로 불리는 비약적 교세성장으로 나타났다. 교인수의 급증 요인에 대해서는 그 동안 많은 연구자들에 의해 여러 요인이 제시되어 왔지만 가장 결정적인 변수는 급격한 산업화 정책이다.

군사정권이 추진한 근대화 정책은 급격한 이농현상, 도시빈민의 급증, 빈부의 격차에 따른 서민층의 사회심리적 소외를 초래하였고 당시 개신교는 이처럼 '뿌리 뽑힌 사람들'의 영혼을 위로하는 뜨거운 설교와 신앙집회를 개최하였다. 요컨대 급격한 산업화 정책이 이들을 '영혼 구제'를 주 업무로 하는 '종교 시장'으로 밀어내는 역할(push factor)을 하였다면 개신교의 선교 프로그램은 이들을 교회 안으로 끌어당기는 역할(pull factor)을 하였다.[7] 그 결과 이 시기에는 "났다 하면 불이오! 섰다 하면 교회다!"라는 말이 유행할 정도로 교회의 수가 급증하기 시작하였다.

더구나 이 시기의 개신교 특히 보수 진영은 세포분열을 연상시키는

---

7) 허남린, "최근 한국 개신교 성장의 문화적 요인에 관한 연구", 〈종교학연구〉 5호, 1985, 107-186쪽.

지속적인 교단분열을 경험하였는데 이러한 분열은 교세의 약화가 아니라 오히려 교회와 교인의 숫자를 증가시키는 요인으로 작용하였다. 분열된 교단들은 교회 개척을 통해 생존의 위기를 해결해야만 하였기 때문에 치열한 선교경쟁이 나타났고 이는 전체 교회 수와 교인수의 증가로 귀결되었다. 이 시기의 개신교 지도자들은 미국 교회성장학파의 이론을 적극 수용하여 교회성장의 무기로 활용하였으며 미국식 대규모 부흥집회를 모방하여 여의도광장에서 대형부흥집회를 자주 개최하였다. 이 과정에서 '3천만을 그리스도에게로!'와 같은 공세적 선교표어가 등장하기도 하였다.

이처럼 개신교는 미군정과 1공화국 시절에 교세 확장에 필요한 인프라를 구축한 뒤, 군사정권의 산업화 정책이 초래한 '영혼들의 위기'를 효과적인 선교 프로그램을 통해 적절하게 활용함으로써 1980년대 말에 이르면 인구 5명 중에 1명이 개신교인이 되는 놀라운 현상을 연출하였다. 1980년대 말을 정점으로 개신교의 성장률은 둔화되지만 교인의 절대수는 90년대까지 꾸준히 증가한다. 그러다 2000년대 접어들어 교인 수 자체가 들어드는 이른바 '마이너스 성장' 시대를 맞이하게 되었다.

최근 들어 교세 감소 현상이 가시화되자 교회 안에서는 '위기 담론'이 확산되기 시작하였다. 교세 감퇴의 원인을 둘러싸고 다양한 진단과 해법이 나오고 있다. 이와 동시에 교회 밖에서는 안티기독교 세력과 시민사회에 의한 개신교 비판이 가속화되고 있다. 이처럼 한 세기만에 한국 사회의 최대 종교로 등극한 개신교가 '내부의 위기'와 '외부의 도전'에 의해 몸을 가누지 못하면서 심하게 흔들리고 있다.

III. 개신교 종교권력의 작동 양상

최근 봇물 터지듯이 확산되고 있는 개신교에 대한 시민사회의 비판은 개신교가 우리사회에서 주류종교의 위치를 차지하고 있음을 역설적으로 입증하는 현상이다. 개신교가 소수종파에 불과하다면 시민사회가 이처럼 지속적인 관심과 열정을 갖고 비판의 칼날을 들이대지는 않을 것이다.

우리사회에서 개신교에 대한 시민사회의 비판이 본격화된 것은 10여 년 전부터이다. 1999년, MBC〈PD수첩〉은 '만민중앙교회'의 비리를 폭로하는 방송을 내보냈고,[8] SBS도 비슷한 시기에 'JMS(국제크리스천연합)'과 '할렐루야기도원'의 문제점과 비리를 고발하는 내용의 방송을 내보냈다.[9] 그런데 얼마 안 있어 MBC〈PD수첩〉은 다시 한번 종교문제를 다뤘는데 이번에는 "2000년, 대형교회"라는 제목 하에 한국의 대형교회들을 다뤘다. 구체적으로는 당시 교계 내부에서 논란이 되고 있던 압구정동 광림교회의 세습 문제를 중점적으로 다루면서 여의도순복음교회의 재정 문제도 함께 다뤘다.[10]

공중파 방송이 만민중앙교회나 할렐루야기도원, JMS 등을 다룰 때 주류교회들은 언론의 편에 서서 '이단 교회'의 비리와 문제점을 비난하는 데 가세했다. 그러나 언론의 화살이 자신들의 심장을 겨누는 것처럼 보이자 즉각적인 방어의 자세를 취했다. '한국언론교회대책위원

---

8) MBC TV,〈PD수첩〉, "목자님 우리 목자님", 1999년 5월 12일 방영.
9) SBS TV는 1999년 한해 동안 4회(1월 7일, 3월 21일, 7월 24일, 12월 25일)에 걸쳐 JMS에 관한 내용을 방영했고, 2000년 12월 16일에는 "할렐루야 기도원의 실체"라는 제목으로 방송하였다.
10) MBC TV,〈PD수첩〉, "2000년, 대형교회", 2000년 12월 19일 방영.

회'가 만들어진 것은 이 무렵이고 비판의 대상이 된 대형교회들과 주류교회들은 'MBC 시청 거부'와 'MBC 광고상품 불매'와 같은 반MBC 운동을 전개하였다. 바로 이 무렵부터 개신교 에 대한 시민사회의 비판은 급물결을 타기 시작하였으며 마침내 안티기독교 세력의 등장까지 목도하게 되었다.

시민사회의 개신교 비판은 다양한 내용으로 되어 있지만 그 대부분은 종교권력에 대한 비판으로 수렴된다. 즉 종교권력화된 개신교가 자신의 권력을 유지, 강화하기 위해 의식적 혹은 무의식적 차원에서 생산해 내고 있는 다양한 병폐 현상에 대한 지적과 고발이 시민사회가 행하는 비판의 주된 내용이다. 따라서 지금부터는 개신교 종교권력이 구체적으로 작동하는 방식을 교회 내부, 시민사회 영역, 정치 영역으로 나누어 검토한다.

1. 교회 안의 종교권력

1) 교회세습과 권력의 자기복제

앞서 언급했듯이 10여 년 전에 MBC PD수첩이 한국 교회의 문제점으로 터뜨린 첫 번째 사안은 교회 안의 세습 문제였다. 사실 이 문제는 교회 내부의 문제로서 어떻게 보면 사회적 이슈거리가 될 수 없는 사안이다. 그럼에도 불구하고 이 문제가 언론에 의해 제기된 것은 해당 교회가 대형교회이기 때문이다. 대형교회는 단지 하나의 교회가 아니라 한국 교회를 대표하며 더 나아가 지역사회의 한 부분이다. 따라서 언론을 비롯한 시민사회의 관심과 시선에서 자유로울 수 없는 것이다.

최근 세습 문제로 도마 위에 오른 대형교회들은 몇가지 공통점을 지니고 있다. 우선 이 교회들은 대부분 개척교회로 시작하여 한 세대 만에 수천 혹은 수만 명의 신자를 보유한 대형교회로 급성장했다는 점이다. 그리고 30여 년 간 교회 성장을 이끈 목사들이 90년대 후반에 은퇴를 앞두게 되었고 그들의 아들들이 교회 내부의 결의에 의해 후계자로 선정되었다는 점이다. 담임목사의 아들이 후임자로 내정했다는 소식이 알려지자 교계 안팎에서는 김일성 부자의 권력세습이나 재벌의 세습을 빗대어 '교회 세습'이라는 비난 여론이 거세게 일었다. 그렇지만 결국은 모두 '세습'에 '성공'하였다.

그러면 대형교회에서 목회 세습이 일어나는 이유는 무엇인가? 일차적으로는 담임 목사가 교회를 '사유재산'으로 생각하고 있기 때문이다. 대기업의 총수가 젊은 시절 점심을 굶어가면서 현재의 재벌 그룹을 일궜듯이, 자신들은 '천막교회' 시절부터 피와 땀을 흘려 현재의 교회를 일궜다고 생각한다. 따라서 대기업의 '오너'가 창립 정신의 순수한 보존과 전수를 위해 2세에게 소유권을 물려주는 것이 자연스럽듯이, 대형교회의 '오너'가 목회 철학의 순수한 보존과 전수를 위해 자신의 아들에게 담임목사직을 물려주는 것이 자연스럽다는 것이다. 이러한 사고를 지닌 목회자들이 존재하는 한 대형교회에서의 세습 시도는 계속될 것이다.

이처럼 대형교회의 담임 목사가 목회세습이라는 '욕망의 회로'에서 벗어나지 못한다 할지라도 교인들의 의식이 깨어 있으면 세습은 합법적으로 이루어지기 어려울 것이다. 그러나 보수 근본주의 신앙이 지배하는 한국 교회의 풍토에서 자라난 교인들의 의식은 목회자의 독단을 견제할 만큼 성숙되어 있지 못한 것이 현실이다. 교인들은 교회안의 권위주의 문화에 너무 익숙해 있다.

현재 한국 교회 안에는 '권위주의의 바이러스'가 널리 퍼져 있어 비판적이고 합리적인 사고가 전혀 힘을 발휘하지 못하고 있다. 설교권력을 통해 강하게 유포되는 이 바이러스는 남녀노소를 막론하고 모든 사람을 일시에 감염시킨다. 사회 각 분야에서 합리적이고 전문적 지식을 지닌 사회지도층 인사들도 일단 교회 안으로 들어오면 이 바이러스에 쉽게 침투되어 민주적 사고를 하지 못하게 된다. 그 결과 오늘날 한국 교회는 '권위주의의 창궐'과 '민주주의의 결핍'으로 특징지어진다.

이러한 권위주의적 교회문화 속에서 살아온 신자들은 자신의 교회에서 지금 일어나고 있는 목회 세습이 '권력의 자기복제'라는 사실을 깨닫지 못한다. 만일 교회 밖의 사람들이 자신들의 교회에서 일어나고 있는 '목회의 계승'을 종교권력의 세습이라고 비판하면 오히려 그들을 향해 비난의 화살을 퍼부을 뿐이다. 종교적 권위주의에 익숙한 신자들의 눈에는 외부인들의 비판이 '교회분열을 획책하는 무리' 혹은 '사탄의 사주를 받은 무리'로 보일 뿐이다.

이처럼 오늘날 대형교회에서 일어나는 교회세습은 '제왕적 권위'를 지닌 담임목사의 권력에 대한 뿌리 깊은 욕망, 그러한 절대권력자의 설교를 통해 강단에서 선포되는 권위주의적 담론, 그리고 그러한 권위주의의 바이러스에 쉽게 오염되는 교인들의 의식이 공모관계를 맺으면서 나타나는 현상인 것이다. 따라서 권력의 자기복제이자 자기확장으로서의 교세세습을 원천적으로 예방하기 위해서는 이러한 공모관계의 사슬을 끊는 작업부터 착수해야 할 것이다.

2) 돈과 권력의 변증법

교회세습이 종교권력의 자기복제라면 불투명한 교회재정은 종교권력의 무소부재한 힘을 유지, 강화하는 주요 자원이다. 종교권력은 불투명한 재정을 통해서 자신의 욕망을 확장하는 동시에 자기의 영역을 확대해 간다.

그러면 왜 교회의 재정은 불투명한가? 현재 종교단체는 민법에 의해 사립학교, 사회복지기관 등과 함께 비영리법인으로 간주되어 면세혜택을 받고 있다. 물론 이러한 비영리법인들은 사립학교법이나 사회복지법과 같은 관련법에 의해 매년 사업실적 및 활동사항을 관련부처에 보고해야 한다. 따라서 이 법인들의 회계와 재정은 자동적으로 공개된다.

그런데 종교단체의 경우에는 관련 법령이 없어 정부에 사업 보고를 할 필요가 없다. 따라서 회계 보고의 의무도 없다. 물론 각 교회는 제직회를 두어 자체적으로 헌금 관리 등 회계 관련 업무를 처리하고 있다. 교회의 규모가 작을 경우 회계 처리가 간단하고 재정 불투명 문제가 심각한 문제가 될 수 없을 것이다.

그러나 한해에 수 백 억의 헌금이 들어오고 지출되는 대형교회의 경우에는 상황이 다르다. 회계 처리가 복잡해지고 그만큼 투명성이 요청된다. 그럼에도 불구하고 대부분의 대형교회에서는 재정운영 상황이 지극히 불투명하다. 내부의 교인들조차 교회 재정이 어떻게 운영되고 있는지 잘 모른다. 극히 소수의 사람들만이 재정상황을 알게 되는데 이들은 대부분 담임 목사의 최측근에 속한다.

이처럼 재정 공개가 되지 않는 곳에서는 공금 유용이나 횡령과 같은 재정 비리가 언제든지 발생할 수 있다. '검은돈의 세탁'이나 '가짜 기부금 영수증 끊어주기'와 같은 현상은 바로 이러한 제도적 장치의 결여에서 기인한다.[11] 종교권력의 비자금 역시 이러한 상황에서 축적된다. 군사 정권 하에서 권력의 강화를 위해 최고 통치자의 비자금이 형성되듯이 1인 지배 체제의 종교권력에서도 권력의 공고화를 위한 비자금 조성이 이루어질 수 있다.

개별 교회에서 축적된 종교권력의 비자금은 교회 정치에서 그 위력을 발휘한다. 매년 9~10월에 열리는 교단 총회에서는 돈봉투가 등장하는데 이는 교단장 선거를 위해 후보들이 준비한 것이다. 교단장 후보들이 총회 대의원들을 대상으로 돈봉투를 돌리는 것은 거의 관행으로 되어 있다. 몇 년 전 돈봉투를 돌린 어떤 목사가 양심고백을 하여 교계에 경각심을 불러 일으켰지만,12) 금권선거 분위기는 좀처럼 수그러들지 않고 있다. 이러한 금권선거 분위기를 종식시키기 위해 일부 교단에서는 '제비뽑기' 제도를 채택하고 있을 정도이다.

금권선거는 연합기관의 장을 선출하는 과정에서도 여지없이 나타난다. 얼마 전 한기총 대표를 뽑는 선거에서 금품선거가 또 다시 도마에 올랐다. 후보로 올라온 모 교단 측 인사는 자신이 당선되면 10억을 기금으로 내놓겠다는 발언을 공개적으로 하였고 마침내 대표로 선출되었다.13) 이는 돈으로 권력을 사는 '돈의 정치학'(money politics)을 잘 보여주는 대표적 사례이다.

그러면 왜 각 교회의 목회자들은 교단장이 되려고 그처럼 혈투를 벌이며 각 교단은 연합기관의 장을 장악하려고 애쓰는가? 돈과 권력의 변증법 때문이다. 비자금은 교권을 창출할 수 있고 교권은 다시 비자금을 축적할 수 있다. 이렇게 종교권력은 교회재정의 불투명성을

---

11) 강인철, "민주화 시대의 새로운 종교 통제 방식: 조세분쟁을 중심으로", 〈종교연구〉 34호, 2004, 52-54쪽.
12) "나는 돈 봉투 배달원이었다", 〈뉴스앤조이〉, 2000년 10월 20일.
13) "한기총, 금권선거 논란 언제까지", 〈뉴스앤조이〉, 20008년 1월 14일.

못자리로 하여 자기를 무한히 복제하면서 확장시켜 나가는 것이다.

3) 젠더의 위계화와 성폭력

종교권력은 보다 미시적인 차원에서 은밀한 방식으로 작동하기도 한다. 대표적인 것이 젠더 위계화(gender hierarchy)이다. 19세기말 20세기 초 서구 선교사들이 전해 준 가부장적 젠더 의식이 현재의 한국 교회에 그대로 온존하고 있다. 물론 개신교의 '근대성'과 '복음'이 유교의 가부장적 문화에 도전하면서 여성해방에 기여한 것은 사실이지만, 보다 심층적인 차원에서 보면 당시 개신교는 서구 근대성에 내재한 공사이분법과 유교의 가부장적 위계구조를 재전유하면서 교회 안에 젠더 위계화를 고착시키는 역할도 하였다.14)

교회 안의 젠더 위계화는 오늘날 교회 현장에서 그대로 나타나고 있다. 여성 안수를 아직도 허용하지 않는 대다수 교단의 존재와 안수를 받았어도 좀처럼 청빙되지 않는 무수한 여성 목사 예비군의 존재는 이러한 현실을 그대로 반영하고 있다. 설교와 교육은 남성 목회자, 심방과 설거지는 여성 신자의 몫으로 분업화되어 있는 교회의 관행 역시 쉽게 고쳐지지 않고 있다. 교회 안의 이러한 가부장적 문화는 교회에 오래 다닐수록 양성평등 의식이 낮게 나타난다는 여론조사 결과에 의해 입증되고 있다.15) 이처럼 오늘날 한국 교회는 교인의 압도적 다수를 차지하고 있는 여성들의 땀과 눈물로 운영되고 있음에도 불구하고 여신도들은 가부장적 종교권력에 의해 주변화되고 있다.

최근 교회 안에서 심각한 문제로 제기되고 있는 남성 목회자들에

---

14) 이숙진, 『기독교와 여성 정체성』, 한들, 2005
15) "교회 내 성교육 반드시 필요 81.3%", 〈디지털성결〉 1999년 12월 18일자.

의한 성추행과 성폭력 문제는 교회 안의 젠더 위계화와 무관하지 않다. 아니 가부장적 위계화가 낳은 산물이라고 할 수 있다. 목회자가 여신도에게 성폭력을 가하는 것은 직장상사가 부하 여직원, 교수가 여학생에게 직권이나 교권을 이용하여 성폭력을 가하는 것과 다를 바 없다. 교회의 경우에는 '하나님의 종'이라는 성직자의 권위를 은밀히 내세워 행해지는 경우가 많은데 이는 회사나 학교의 경우보다 더욱 심각한 상처를 남긴다. 피해자 여성은 '하나님의 종'에 대한 고소가 '영적 심판'으로 돌아오지 않을까 하는 '종교적 공포' 때문에 사건을 공론화시키지 못하고 감추는 경우가 적지 않다.

이처럼 오늘날 한국 교회는 젠더의 위계화에 근거하여 제도적 법적 차원에서 여성을 차별하고 배제하는 동시에 목회자의 권위를 악용하여 여성에게 심각한 심리적 신체적 폭력을 가하고 있는데 이러한 현상 역시 가부장적 이데올로기를 집요하게 관철하려는 종교권력의 효과라고 할 수 있다.

2. 시민사회 속의 종교권력

앞서 언급하였듯이 한국 교회는 2000년대 들어와서 교인의 절대 수가 감소하는 이른바 '마이너스 성장시대'를 맞이하였다. 따라서 현재 개신교는 교세의 회복과 성장을 지상 과제로 삼고 있다. 평양대부흥운동 1백주기를 맞아 작년 한해 전국 교회를 뜨겁게 달군 'Again 1907'이라는 구호 속에도 교세의 회복과 성장에 대한 강한 염원이 기저에 깔려 있었다.

그러나 한국 교회의 교세 감소 현상의 이면에는 보다 복잡한 구조가 자리 잡고 있다. 전체적으로는 교세가 감소하고 있고 매년 3천 개의 교회가 문을 닫고 있다고 한다.16) 그렇지만 비약적으로 성장하는 교회들도 있다. '망하는 교회'가 있는가 하면 '흥하는 교회'가 있는 것이다. 요컨대 '교회의 양극화' 현상이 나타나고 있다.

이 맥락에서 주목하고 싶은 것은 교회의 대형화와 종교권력의 관계이다. 대형교회들은 '지교회'나 '지성전'과 같은 제도를 통해 자신의 '제국'을 확장하려는 경향이 있다. 대형교회가 운행하는 셔틀버스는 이러한 자기확장 도구의 하나이다. 지교회와 셔틀버스에 의해 인근의 소형교회들은 문을 닫거나 대형교회로 흡수된다. 이처럼 오늘날 대형교회의 성장은 비기독교인의 입교에 의한 것보다는 기성 교회 교인들의 '수평이동'에 더 의존하고 있다.

1) 신자유주의와 대형교회

최근에 비약적으로 성장하는 교회, 흔히 '후발대형교회'로 불리는 교회들은 신자유주의 시대의 등장과 밀접한 관련을 맺고 있다. 이들은 신자유주의의 논리를 적극 수용할 뿐만 아니라 신자유주의에 근거한 새로운 형태의 교회성장론을 전개하고 있다. 좀 더 구체적으로 살펴보자.

신자유주의는 시장의 자율성과 무한경쟁을 지고의 원리로 삼는 '시장 근본주의'로서 모든 영역에 시장의 원리를 적용한다. 따라서 신자유주의의 경쟁 원리는 국가와 국가, 기업과 기업 사이에서만 적용되는 것이 아니라 종교의 세계에도 적용된다. 그러므로 신자유주의의 거대한 물결 속에서는 신도 확보를 둘러싼 교회 간 경쟁이 정당한 것으로 간주된다. 최근 급부상하고 있는 대형교회들은 바로 이러한 종

---

16) 정효임, "매년 문 닫는 작은교회 3000개, 해법은?", 〈뉴스앤조이〉, 2008년 3월 28일.

교 간 무한경쟁에서 승리한 교회들이다.

이처럼 무한경쟁을 속성으로 하는 신자유주의는 시장에서는 '소비자 중심주의'로 자신의 모습을 나타낸다. 그리고 이러한 소비자 중심주의가 교회에서는 '신도 중심주의'로 나타난다. 요즈음 대형교회에서 급부상하고 있는 현대인의 불안한 마음을 달래주는 감성적 음악, 소그룹을 통한 영성개발, 약육강식의 사회에서 살아남기 위한 관리 테크닉 등은 모두 신도들의 욕망 충족을 최우선적 과제로 설정하는 신도 중심주의의 산물이다. 세속적 성공의 추구를 종교적으로 정당화하는 '청부론'(淸富論)도 인기를 끌고 있는데 이 역시 신도 중심주의의 산물이라 할 수 있다.

이러한 맥락에서 주목할 필요가 있는 것은 자기계발 담론의 급격한 확산이다. 최근 대형서점의 종교서적 코너에서는 〈목적이 이끄는 삶〉이나 〈긍정의 힘〉 등과 같은 기독교적 자기계발 서적이 주목을 끌고 있는데 이 서적들은 현대사회의 특성인 '빠름'에 능동적으로 적응하는 방법과 개인의 능력계발을 최우선적으로 강조한다. 이러한 서적들이 대형교회를 중심으로 교회 안에서 빠른 속도로 확산되고 있다.

그런데 이처럼 '능력'을 숭배하는 담론이 확산되면 '경쟁력'을 갖추지 못한 사람들은 사회적으로 배제된다. 교회는 사회적으로 배제된 이들에 대한 적극적 관심과 실천을 담당해 온 대표적인 공간이므로 교회 안에서의 사회적 배제는 있을 수 없는 일처럼 보인다. 그러나 능력 여부에 의한 사회적 배제의 메커니즘은 매우 은밀하게 작동하기 때문에 배제하는 주체들도 자신이 가해자임을 망각하게 된다.

교회의 각종 복지 프로그램 역시 사회적 배제의 한 메커니즘으로 작동한다. 복지 프로그램은 수혜자로 하여금 스스로 능력 없음을 입증하게 함으로써 사실상 인권 침해를 제도화한다. 무능력자로 분류된 당사자 역시 자신의 능력 없음을 학습을 통해 내면화하고 있기에 외부로부터 강요되는 배제과정에 저항하지 못한다. 한편 사회적 약자를 위한 다양한 복지프로그램은 능력 본위의 냉혹한 세계에 순응하면서 살아가는 종교인들에게 '관용'의 자긍심을 심어주는 장치로 기능하거나, 세상의 실제적 불평등이 주는 불편함을 은폐하는 장치로 기능하기도 한다.17)

이런 점에서 현재 대형교회를 중심으로 교회의 방대한 인적 물적 조직적 자원을 동원하여 행해지고 있는 다양한 복지 프로그램 속에 신자유주의 논리에 편승한 종교권력의 새로운 배제 메커니즘이 작동하고 있음을 주목할 필요가 있다. 요컨대 최근의 종교권력은 무한경쟁을 속성으로 하는 신자유주의의 논리를 극복하기보다는 그러한 경쟁의 논리에 편승하여 대형교회의 정당성을 보증 받고 새로운 형태의 자기확장에 나서고 있는 것이다.

2) 해외선교의 정치학

최근 한국 개신교의 종교권력화와 관련하여 주목할 필요가 있는 또 하나의 현상은 해외선교이다. 개신교가 선교활동과 관련하여 국내에서 일으키고 있는 제반 문제점에 대해서는 굳이 언급할 필요가 없을 정도로 널리 알려져 있기 때문에 여기서는 해외선교에 초점을 두고 논의한다.

작년 여름 전국을 뜨겁게 달군 아프가니스탄 한국인 피랍사건은 한

---

17) 김진호, "국경들 너머의 짐승들 혹은 인간들", 〈기독교사상〉, 2008년 2월호, 32-34쪽 참조.

국 개신교의 해외선교가 지닌 문제점을 총체적으로 드러낸 사건이다. 당시 피랍된 교인들은 순수한 선교적 열정과 인도주의적 봉사 활동을 위해 아프가니스탄에 입국했을 것이다. 그러나 그들의 순수한 신앙적 열정은 '선교의 정치학'이라고 하는 보다 거시적인 메커니즘 속에서 조명될 필요가 있다.

그러면 한국 교회의 해외선교에서 '선교의 정치학'이 어떻게 작동하고 있는가를 살펴보자. 한국 개신교의 해외선교 역사는 88올림픽을 계기로 본격화되면서 파송 선교사수가 급성장하기 시작하였다. 1988년 당시 1천 명도 되지 않던 해외선교사는 그 후 매년 급증하여 2006년 말 현재 15,000여 명에 이르고 있다.[18] 현재 미국 다음으로 많은 선교사를 해외에 파견하는 세계 제2위의 선교대국인 셈이다. 그리고 현재 한국 교회는 2020년까지 100만 자비량 선교사 양성과 2030년까지 10만 명 선교사 파송을 목표로 하고 있다.[19]

그러면 왜 한국 개신교는 이처럼 해외선교에 주력하는 것인가? 잘 알려져 있다시피 이는 국내선교의 한계와 깊은 관련이 있다. 국내선교의 포화상태를 탈출하기 위해 해외선교에 눈을 돌리게 된 것이다. 1980년대 말부터 성장 동력이 떨어진 교회를 다시 활성화하기 위해서는 강력한 엔진이 요청되었고 그때 새로운 엔진의 하나로 선택된 것이 해외선교이다. 88올림픽을 계기로 한 해외여행 자유화 조치, 한국 기업의 해외진출, 그리고 사회주의 블록의 붕괴로 인한 새로운 '황금어장'의 발견은 한국 교회의 해외선교를 가속화시킨 중요한 요인이다.

---

18) 한국선교연구원에 의하면 2006년 말 현재 14,905명이 168개국에서 사역하고 있다. http://www.krim.org
19) 김동문, "한국 교회의 선교, 그 양상과 비판", 『무례한 복음: 한국 기독교의 선교, 그 문제와 대안을 성찰한다』, 산책자, 2007, 36쪽.

한국 교회의 해외선교 열기는 대형교회주의를 이해하지 않고는 설명할 수 없다. 현재 한국 교회의 선교신앙은 1970~80년대 전개된 교세확장 패턴과 거의 흡사하게 전개되고 있기 때문이다. 현재 한인 해외 선교사들의 사역은 선교지 개척이나 교회설립과 같은 교세확장 선교 혹은 '외형 불리기' 선교에 집중되어 있다. 이는 대형교회의 '실적주의'와 '성과주의'에서 나온 것이다. 한국 교회의 이러한 해외선교에 대해 한 외국인 목사는 이렇게 비판하고 있다.

"한국 선교사들은 교회를 설립해 최상의 덕목을 이루겠다는 유혹에 사로잡혀, 즉 목적을 위해 수단과 방법을 가리지 않는다. 한국 선교사들은 무엇인가를 빨리 성취해야 한다는 노동계약서에 도장을 찍은 사람들이다. 그들은 거의 아무런 사전 준비나 교육 없이 선교 현지에 투입된다. 현지 언어를 한마디도 구사하지 못하는 그들이 자신을 파송한 한국 교회를 위해 무엇인가 업적을 내야 하는 시기는 불과 3년에서 5년으로 제한된다. 그리고 그 모든 업적은 숫자로 파악될 수 있어야 한다. 이러한 업적만이 선교사 파송 교회가 추구하는 최고의 덕목인 것이다."[20]

위의 글에 의하면 한국 선교사들도 '희생자'이다. 그들을 파송한 교회가 빠른 시간 안에 외형적 성과를 요구하기 때문에 선교사들은 어쩔 수 없이 돈으로 타교회의 교인을 유인하여 자기 교회로 끌어들이

---

[20] 코비 팜 목사가 필리핀에서 한국 선교사들이 행하는 선교활동의 문제점에 대해 비판적으로 언급한 글이다. 김상근, "한국 교회의 선교신앙과 보수주의", 『무례한 복음』, 56-57쪽에서 재인용.

는 것과 같은 비정상적 방법을 쓰게 된다.

현재 대형교회들은 국내에 지점을 설치할 뿐만 아니라 해외에도 지점을 설치하고 있다. 해외선교의 이름으로 행해지는 이러한 행위 속에는 종교권력의 자기 확장 메커니즘이 작동하고 있는 것이 아닐까? 즉 전 세계에 수 천 명의 선교사를 파견하겠다는 야심찬 구호 속에는 무한한 자기팽창의 욕구가 숨겨져 있는 것은 아닌지 살펴볼 일이다. 더구나 최근 대형교회들이 보여주는 해외 선교 프로젝트는 '한류'를 타고 행해지는 경향이 있는데 이는 19세기 서구 선교사들이 범했던 문화 제국주의의 한국판이 아닌지 냉철히 성찰해 볼 필요가 있다.

3) 사회적 의제와의 충돌

최근 개신교가 한국사회의 5대 권력 중 하나로 간주된 것은 민주화 시대 이후 범사회적 차원에서 개혁과제로 제시되고 있는 다양한 이슈에 대해 개신교 보수진영이 개혁의 장애물로 비쳐지고 있기 때문이다.

몇 년 전 대광고 강의석군 사건으로 촉발된 종교재단 사립학교에서의 종교교육을 둘러싼 논쟁에서 학교 측이 보여준 태도는 시민사회로부터 호응을 받지 못했다. 사립학교는 선교자유의 일환으로 종교교육을 행할 수 있지만 그것은 어디까지나 학생의 종교자유를 침해하지 않는 범위 안에서만 가능하다는 것이 일반 사회의 상식이다. 국가인권위원회도 이러한 견지에서 권고안을 마련한 바 있다. 학교 측은 평준화 정책의 문제점을 제시하면서 사립학교들도 피해자임을 호소하였지만 현 교육체제하에서 설득력 있는 대안을 제시하지 못하고 있다.

사실 이 문제는 오래전부터 제기될 수 있는 사안이었지만 권위주의 문화의 영향 하에서 그 동안 수면 아래에서 잠자고 있던 의제였다. 그러나 사회 전체의 분위기가 민주화되고 소수자의 인권이 사회적 의제로 부각되면서 이 문제도 함께 부상한 것이다. 이 문제가 터졌을 때 학교 측이 보여준 태도는 학생의 인권을 우선적으로 고려하기보다는 교권의 행사가 앞섰다는 인상을 준다.

학생들의 인권문제와 함께 새로이 부각한 또 하나의 이슈는 이른바 양심적 병역거부자의 문제이다. 이 사안 역시 군사정권 시절에는 국가주의 이데올로기의 힘에 의해 거의 묻혀 있었지만 소수자의 인권에 대한 사회적 관심이 확산되면서 수면 위로 부상하였다. 우리나라의 경우 양심적 병역거부자의 대다수가 '여호와의 증인'이다. 이들은 군사정권 하에서 병역법 위반 혹은 항명죄로 처벌받았다. 그러나 전 세계적으로 대체복무제도가 확산되어 가는 추세이기 때문에 이들 역시 대체복무를 요구하고 있다.

이때 개신교 보수진영이 보여준 태도는 군사정권의 논리와 크게 다르지 않았다. 우선 우리나라가 처한 특수성 즉 분단국가임을 내세워 '국방의 의무'를 강조하고 다른 한편으로는 '정당전쟁론'을 내세웠다. 개신교계가 내세운 국방의 의무에 대한 강조와 정당전쟁론은 아직도 군사주의 문화에 젖어 있거나 수구적 이데올로기에 젖어 있는 사람에게는 설득력이 있겠지만 인권 및 평화 운동가들에게는 구시대적 발상으로 간주된다. 국방의 의무는 대체복무 제도를 통해 보완될 수 있으며 기독교의 정당전쟁론은 '기독교 평화주의'의 관점에서 재고될 필요가 있기 때문이다.

여기서 또 하나 주목해야 하는 것은 개신교 보수진영이 이 문제를 접근할 때 취하는 교리주의적 관점이다. 병역거부자의 대다수가 개신교에서 '이단'으로 간주하는 '여호와의 증인'이므로 이 문제를 소수자의 인권보다는 정통과 이단의 이분법 속에서 바라보는 경향이 있다. 인권과 같은 보편적 가치를 지닌 사회적 의제를 정통과 이단의 이분법으로 접근하는 것은 우리사회에서 개신교의 입지를 더욱 좁히는 효과만을 산출한다.

얼마 전에 법무무가 제안한 '차별금지법'이 국회를 통과하였다. 그런데 원래의 법안대로 통과되지 못하고 의회에 상정되기 직전에 몇 가지 조항이 삭제되었다. 그중 하나가 '성적 소수자'에 관한 것이다. 이른바 동성애자를 비롯한 성적 소수자에 대한 차별 금지가 원래의 법안에 포함되어 있었는데 개신교 보수진영이 이 조항의 삽입에 강하게 반대하는 바람에 법무부에서 이 조항을 빼고 의회에 상정했다.

이를 둘러싸고 논란이 비화되었는데 인권운동가들은 개신교가 우리사회의 인권운동에 걸림돌이 되고 있다고 목소리를 높이고 있다. 사회는 점차 성적 지향의 다양성을 인정해 가는 추세에 있는데 개신교가 종교적 교리를 내세워 이런 흐름에 발목을 잡고 있다는 것이다.

개신교 진영은 동성애를 창조질서에 위배되는 행위로 보고 있기 때문에 동성애 자체를 인정하는 이러한 법안에 반대하는 것이다. 개신교의 이러한 태도는 인권운동가들에게는 일종의 '도덕 파시즘'으로 비친다. 자신들의 교리와 윤리를 절대적 준거로 하여 복잡 미묘한 사회적 의제를 단순하게 재단하고 곧바로 실력 행사에 들어가는 개신교의 이러한 태도에 대해 시민사회는 따가운 시선을 보내는 것이다.

이처럼 현재 한국 개신교의 주류를 이루는 보수진영과 그 배후에 있는 종교권력은 과거 권위주의 시대의 패러다임에 고착되어 있기 때문에 시민사회에서 새롭게 부각되는 사회적 의제들을 설득력 있게 진단하지 못하고 있다.

3. 정치 영역과 종교권력

현재 한국 사회에서 교회는 매우 수구적인 이미지를 지닌 집단으로 비쳐지고 있다. 80년대 말 공산권의 몰락으로 사회주의 이데올로기의 영향력이 급속히 감퇴하고, 국내에서는 군사정권의 붕괴 이후 반공주의의 설득력이 끊임없이 약화되어 왔다. 그런데 한국 개신교 보수 진영에서는 반공주의가 수그러들지 않고 오히려 강화되고 있다. 따라서 시민사회는 개신교를 아직도 냉전 이데올로기에 사로잡힌 수구집단의 하나로 바라보고 있다.

1) '애국기독교'와 '거리의 정치'

최근 개신교의 수구적 이미지를 증폭시키는 데 촉매 역할을 한 것은 2002년 미군 장갑차에 의한 여중생 사망 사건이다. 이 사건을 계기로 SOFA 개정에 미온적인 미국에 반발하는 촛불시위가 널리 확산되고 이러한 집회는 점차 반미운동의 조짐까지 보이기 시작하였다. 더구나 노무현 후보가 당선되어 김대중 정부의 '햇볕정책'을 계승하면서 대북 유화정책을 취하자 보수진영은 총궐기하기 시작하였고 보수 개신교 진영은 여기서 주도적 역할을 담당하였다.

2003년 새해 벽두에 시청 앞 광장에서 '나라와 민족을 위한 평화기도회'가 개최되었는데 이는 개신교 집회를 특징짓는 '기도회 정치'(prayer meeting politics)의 신호탄이었다. 개신교 보수세력은 금식기도회, 국민화합기도회, 구국기도회, 통곡기도회, 촛불기도회, 비상구국기도회 등, 기도회 이름을 바꾸어 가면서 집회를 계속 열었다.[21] 집회 장소는

---

21) 2003년부터 2006년까지 개최된 대표적인 기도회는 다음과 같다. '3·1절 나라와 민족을 위한 구국 금식기도회'(2003), '반핵반김 자유통일 3·1절 국민대회(2003)', '반핵

시청 앞을 비롯하여 서울역 앞이나 여의도한강시민공원과 같은 공공공간이었기 때문에 이는 '거리의 정치'이자 '광장의 정치'이기도 하였다.

이러한 집회는 기도회 형식을 취하고 있지만 실제적으로는 시국집회의 성격을 강하게 띠었다. 군사정권 시절 진보 진영이 민주화 운동을 전개하면서 개최한 '목요기도회'와 유사한 성격을 지녔다. 단지 그 주체와 대상이 바뀌었을 뿐이다. 군사정권 시절에는 진보적 교회가 수구적 독재정권에 저항하는 과정에서 기도회를 열었다면 이번에는 보수적 교회가 진보적 정권을 상대로 기도회를 개최한 것이다.

보수 개신교 진영의 정치적 움직임은 보수 우익단체들과 연대하는 경우가 많았다. 우익단체들이 반핵반김과 미군철수 반대를 외치면서 궐기대회를 개최할 때 개신교 보수진영은 적극 참여하였을 뿐만 아니라 연합 집회에서 매우 중요한 역할을 담당하였다. 2003년 3월에 열린 '반핵반김 자유통일 3·1절 국민대회'와 2004년 10월에 개최된 '국가보안법 사수 국민대회'에서는 교회 측이 대형 애드벌룬과 국기의 제작, 음향 세트 및 스피커 등의 시설을 맡았다.[22] 보수교회 측은 재정 지원만이 아니라 인력 동원의 측면에서도 결정적 역할을 담당하였다. 교회 신자들이 집회에 참석하지 않는 경우 그 집회의 참가자수는 대폭 줄어들었는데 대형교회의 목사들이 자기 교회의 교인들을 주로

반김 한미동맹 강화 6·25 국민대회'(2003), '친북좌익 척결 부패 추방을 위한 3·1절 국민대회(2004)', '대한민국을 위한 국민화합기도회(2004)', '국가보안법 사수 국민대회(2004)', '민족회개와 구원을 위한 한국 교회 통곡기도회(2004)', '구국기도회 및 국보법 폐지 등 4대 악법저지 결의대회(2004)', '북핵 반대와 북한인권을 위한 국민화합대회(2005)', '북한동포의 인권과 자유를 위한 촛불기도회(2005)', '기독교사학수호를 위한 한국 교회 비상구국기도회(2006)', 강인철, 앞의 책, 26-27쪽.

[22] 김범수, "국민참여, 국민성금, 국민행동으로 대성공", 〈월간조선〉, 2003년 4월호, 605쪽; 김소희, "성도들이여 봉기하라", 〈한겨레21〉, 2004년 12월 2일자, 30쪽.

동원하였기 때문이다.

　2004년 11월 1일 서울 장충체육관에서는 한기총 주최로 '민족회개와 구원을 위한 한국교회 통곡기도회'가 열렸다. 이때 대표기도를 맡은 새문안교회의 이수영 목사는 노무현 정부를 "살생의 정치를 하는 정부, 개혁을 명분으로 개악을 하는 자들, 참여정부라면서 오만한 정치를 행하는 정부, 계층 간의 미움을 증폭시키는 정부, 모든 책임을 야당과 언론, 건전한 시민에게 돌리는 후안무치한 자들"이라고 독설을 퍼부으면서 노골적으로 비판하였다.23) 한기총은 노무현 정부가 개혁 정책의 일환으로 야심차게 추진하는 4대 입법 특히 국가보안법 폐지와 사립학교법 개정에 대해 강력하게 저항하였다.

　이처럼 한기총으로 대변되는 보수 개신교 진영이 노무현 정권에 강력하게 저항하는 몸짓을 보이자 우파 언론들은 이를 고무적으로 평가하였다. 〈조선일보〉 주필을 역임한 류근일은 개신교 보수진영을 '애국 기독교 세력'이라고 부르면서 좌파세력을 저지할 희망을 걸 최우선적 대상으로 꼽았다. 〈월간조선〉의 편집장인 조갑제는 한기총이 주최한 '한국교회 원로 초청 기도회'에서 개신교를 국군 및 기업과 함께 한국을 선진국으로 이끌 새로운 주체라고 추켜세웠다.24)

　이처럼 노무현 정권 출범 이후 개신교 보수진영의 정치적 세력화를 주도하고 있는 조직은 한기총이다. 1988년 NCC가 "민족의 통일과 평화에 대한 한국기독교회 선언"을 통해 반공주의를 '죄'로 규정하자 이를 한국 교회의 좌경화 조짐으로 보고 위기감을 느낀 보수진영이 총

---

23) 최소란, "장충체육관 통곡기도회, 시청 앞 집회 '재현'", 〈뉴스앤조이〉, 2004년 11월 2일.
24) 〈데일리서프〉, 2006년 5월 11일자.

결집하여 그 다음해에 창설한 단체가 한기총이다. 현재 NCC가 8개 교단의 연합기구인데 비해 한기총은 60개 이상의 교단으로 이루어진 방대한 연합기구이다. 물론 한국 교회에 지대한 영향력을 행사하는 대형교회의 대다수도 한기총에 속해 있다.

한기총에 속한 교회 지도자들이 정치적 목소리를 내기 시작한 것은 1992년 총선과 대선에서부터이다. 1992년 2월 24일, 서울 앰버서더호텔에서 열린 한국기독교부흥사협의회 신임회장 취임식 도중, 조용기 목사는 "기독교 정당의 출현이 요구되는 시기인 만큼 이번 선거에서 기독정치인을 많이 뽑아야 한다"고 역설한데 이어 "기독교인들의 정치참여가 더욱 활성화되기 위해서는 기독 장로를 대통령으로 선출해야 한다"고 '장로대통령론'을 들고 나왔다.[25]

당시 조용기 목사는 공명선거실천시민운동협의회로부터 "특정 종교를 가진 후보를 선출하자는 발언은 선거법 위반"이라는 권고를 받기도 했다.[26] 그해 3월 18일에는 인터컨티넨탈호텔에서 열린 '강남지역 교계지도자 조찬기도회'에 강남지역 271개 교회 대표 1,200여 명이 모였는데 이 자리에서는 "주의 종이 대통령이 되게 해달라"거나 "이 나라가 기독교국가가 돼야 한다"는 등의 발언이 계속 나왔다.[27] 이러한 과정을 거쳐 마침내 김영삼 대통령이 당선되자 조용기 목사와 그의 단짝으로 불리는 김장환 목사는 청와대 예배를 자주 주관하였다고 한다.[28] 이처럼 90년대 초부터 한기총의 핵심 인사들은 '장로 대통

---

25) 김택환, "김영삼 지지 목사들이 돌아서고 있다", 〈말〉, 1994년 7월호, 52-53쪽; 강인철, 『한국 개신교의 반공주의』, 중심, 2007, 35쪽.
26) 위와 같음.
27) 강인철, 위의 책, 36쪽.
28) 김장환, 『섬기며 사는 기쁨』, 생각의나무, 2002, 84-85쪽.

령 만들기'와 '기독교 정당 만들기'와 같은 적극적이고 직접적인 정치 참여의 모습을 보이기 시작하였다.

그러나 한기총으로 대변되는 보수교회 진영은 1997년 대선과 2002년 대선에서는 좌절감을 맛보아야 했다. 자신들이 지지하는 한나라당의 후보 대신 민주당의 김대중과 노무현 후보가 당선되었기 때문이다. 이때부터 보수교회 지도자들은 '국민의 정부'와 '참여정부'에 대해 도전적인 태도를 보이기 시작하였으며 특히 노무현 정부를 친북좌파정권으로 단죄하면서 우익세력과 연대하여 자신들의 정치적 힘을 과시하기 시작한 것이다.

2) 기독교계 뉴라이트

이처럼 한기총이 수구적 우익세력과 연대하여 정치적 세력화의 모습을 보이자 이와 색깔을 조금 달리하는 개신교 NGO들이 출현하기 시작하였다. 2004년 11월 출범한 '기독교사회책임'이 대표적인 조직이다. 서경석 목사가 중심이 되어 조직된 이 단체는 '로잔언약'에 근거하여 기독교의 '사회책임'을 강조하였다. 한기총의 정치참여가 소수의 대형교회와 전쟁세대 중심으로 이루어진데 비해 이 단체는 '중도통합'을 내세우면서 수구적 우익세력과의 차이를 내세웠다. 그렇지만 심층적으로 보면 기독교사회책임이 내세우는 '중도'는 하나의 '수사'(rhetoric)이고 실제는 보수 개신교의 세력화이다. 보수와 진보의 중도가 아니라 한기총이나 기독당과 같은 극우세력과 비교했을 경우의 중도이다.[29]

---

29) 장석만, "기독교사회책임 그 이름값을 묻는다: 정교분리원칙의 갑옷을 벗어던지고", 〈기독교사상〉 2005년 1월호, 〈기독교사상〉, 29쪽.

한편 처음에는 기독교사회책임에 참여했다가 의견 차이로 나온 김진홍 목사는 2005년 11월 '뉴라이트전국연합'을 창설하였는데 이 조직은 명칭에서 드러나듯이 '올드라이트'(Old Right)와의 차이를 강조하고 있다.30) 즉 좌파를 비판하면서도 수구적 우파와의 차이를 내세우고 있다. 이러한 면에서 기독교사회책임의 정치적 스펙트럼과 큰 차이가 없다. 그런데 뉴라이트전국연합은 종교를 초월한 NGO이므로 그 산하단체의 하나로 2006년 6월 '기독교뉴라이트'가 별도로 조직되었는데 이 단체는 기독교의 정체성을 분명하게 내세우는 단체이다. 따라서 기독교사회책임과 기독교뉴라이트는 기독교 정체성을 지닌 NGO라고 하는 의미에서 넓은 의미의 '기독교계 뉴라이트'라고 부를 수 있다. 이 기독교계 뉴라이트는 미국의 '신기독교우파'(New Christian Right)를 연상시킨다. 잘 알려져 있다시피 미국의 신기독교우파는 현재의 부시정권을 탄생시킨 일등공신이다. 이들은 신학적 근본주의 노선을 택하면서 낙태나 동성애 문제와 같은 윤리적 이슈에 대해 개신교 보수주의 입장을 내세우면서 공적 영역에 개입해 왔다. 이들은 처음에는 정치에 관심이 없었으나 1970년대 이후 '도덕적 다수'(Moral Majority)와 같은 단체를 조직하여 정치적 우파 즉 보수적 공화당을 지지하면서 공공의 장에서 기독교의 영향력을 확대하여 왔다. 요컨대 이들은 개신교 보수주의 입장에서 '도덕의 정치학'(moral politics)을 전개하고 있는 것이다.

미국의 신기독교우파가 '윤리적 이슈'를 중심으로 정치 세력화한 개신교 보수진영의 집단이라면 한국의 기독교계 뉴라이트는 반공이데올로기의 수호를 중심으로 정치 세력화한 개신교 보수진영의 집단

---

30) 뉴라이트라는 용어는 〈동아일보〉가 만들었다. 〈동아일보〉는 2004년 11월에 들어 '뉴라이트' 운동이라는 제목으로 새로운 보수운동을 시리즈로 엮고 소개한 바 있다.

이라고 할 수 있다. 한편 기독교계 뉴라이트는 미국의 신기독교우파처럼 우파 정권의 창출을 목적으로 지난 대선에 적극 개입하였다.[31] 그리고 기독교계 뉴라이트는 '선진화' 담론을 주창하고 있는데 이는 신자유주의 패러다임을 수용하고 있음을 의미하며 이러한 면에서 최근 부상하고 있는 후발대형교회들과 친화성을 지니고 있다.

3) 기독교 정당 만들기

이처럼 한기총과 기독교계 뉴라이트가 냉전 이데올로기의 수호를 위해 정치적 움직임을 보이는 과정에서 새로운 정치적 움직임이 나타났다. 기독교 정당이 그것이다. 한국 개신교에서 기독교 정당의 효시는 해방 공간으로 거슬러 올라간다. 해방 직후 한경직 목사는 기독교사회민주당을 창시하였는데 그가 월남하면서 사실상 무산되었다.

기독교 정당 창당 움직임이 다시 시작된 것은 그 후 반세기가 지나서이다. 1996년 1월 초순에 한누리교회 장로이자 '신민당' 총재로서 그동안 '기독교재산관리법' 제정에 적극적으로 노력해 온 임춘원 의원이 가칭 '기독교민주당' 창당을 선언하고 인물 영입 작업에 착수함으로써 현실화되는 듯이 보였다. 그러나 이 시도는 교계의 호응을 얻지 못한 채 무산되고 말았다.[32]

그 후 보수 세력의 원로급 지도자들은 1997년 1월 '한국기독교시국대책협의회'를 조직하였는데 이 단체가 모체가 되어 마침내 2004년 17대 총선을 앞두고 '한국기독당'이 창설되었다. 기독당을 창설한 인사들

---

31) 이 과정에서 김진홍 목사는 선거법 위반 혐의로 선거관리위원회에 의해 고발을 당했다. 〈중앙일보〉, 2007년 11월 10일.
32) 강인철, 앞의 책, 41쪽.

은 대부분 군사정권의 통치에 동조하거나 침묵했던 보수 개신교 지도자들로서 당시 교계로부터 큰 호응을 받지는 못했다. 더구나 총선에 임박하여 졸속으로 창설되었기 때문에 성적표는 아주 좋지 않았다.

이들이 총선에서 얻은 표는 약 22만 표로서 총 투표수의 1.1%에 그쳤다. 창당 당시 민주노동당보다 더 많은 표를 얻을 자신이 있다고 큰 소리를 쳤지만 기독교인들의 철저한 외면으로 아예 정당 등록 자체가 취소되고 말았다. 당시 기독당 창당에는 여의도순복음교회의 조용기 목사와 한국대학생선교연합회(CCC)의 김준곤 목사가 깊게 관여한 것으로 알려졌다

2008년 총선을 앞두고 기독교 정당이 다시 창당되었다. 이번에는 '기독사랑실천당'이라는 이름을 내걸었지만 4년 전 기독당을 창설한 인사들이 이번에도 주도 세력으로 등장하였고 정강도 별반 달라 보이지 않는다.[33] 이들에 의하면 기존의 기독 정치인들은 자신이 속한 정당의 당론을 따를 수밖에 없는 한계를 지니고 있기 때문에 기독교적 이념을 정치에 반영하기 위해서는 별도의 기독교 정당이 필요하다. 그리고 이번 총선을 통해 국회 진출을 노리는 통일교를 견제하기 위해서라도 독자적 정당이 필요하다고 보고 있다.

그러나 현재 한국사회에서 종교정당으로서 기독교 정당이 요청되는가에 대해서는 회의적 시각이 지배적이다. 기독교 문화의 역사가 오랜 서구 국가들에서는 기독교 정당이 특정 종교의 전위부대로서가 아니라 기독교적 이념을 그 사회의 보편적 가치로 표현해 낼 수 있는

---

33) 기독당에 참여하는 원로모임에서 김준곤 목사와 조용기 목사를 기독당 대표고문으로 추대하고, 이만신·지덕·이광선·이용규·김동권·한명국·임택권·김삼환·신신묵·정인도·한명국·박종순·길자연 목사를 고문으로 위촉했다. 김동언, "기독당, 실질 대표 최성규 목사로 낙점", 〈뉴스앤조이〉 2008년 3월 20일.

반면, 우리나라처럼 기독교 문화의 역사가 일천한 곳에서는 기독교 정당이 기독교라는 특정 종교의 '제도적 이익'을 대변하는 정파로 전락하기 쉽다. 현재 기독당의 주도 세력이나 창당과정을 보면 기독교계 전체가 아니라 수구적 보수진영을 대변하는 종교권력의 전위로 전락할 가능성이 매우 높아 보인다.

이처럼 개신교 보수진영은 한기총으로 대표되는 보수대연합, 기독교계 뉴라이트로 대변되는 종교NGO, 그리고 기독당이라는 종교정당을 통해 정치적 입장을 표출하고 있다. 그런데 이들이 시국집회와 같은 다양한 루트를 통해 달성하려고 한 것들은 대체로 국가보안법 폐지 반대, 반북반김, 좌경세력 척결, 미군철수 반대 등과 같은 냉전 이데올로기에 근거한 이슈들이다. 이는 개신교 보수진영의 정치적 세력화가 냉전체제하에서 자신들이 누리고 있던 기득권을 수호하려는 종교권력의 몸짓에 지나지 않음을 보여준다.

Ⅳ. 결론

지금까지 살펴본 것처럼 오늘날 한국 개신교는 선교 120년 역사에서 최대의 위기를 맞고 있다. 지금처럼 안티기독교 세력이 번성한 적이 없었고 지금처럼 시민사회에 의해 '사회적 왕따'를 당한 적이 없었고 지금처럼 교세가 감소한 적이 없었다. 모든 위기에는 원인이 있는 법이고 그것의 상당부분은 자기 자신에게서 찾을 수 있다. 특히 개신교의 경우 '자업자득'의 견지에서 스스로를 냉철하게 돌아볼 필요가 있다.

안티 기독교의 등장과 번성은 개신교의 공격적 선교와 배타적 타자 인식에서 일차적으로 비롯한 현상이다. 시민사회에 의한 '왕따' 규정은 개신교가 과거 권위주의 시절의 냉전 이데올로기에 고착하고 새롭게 등장하는 시민사회의 의제들을 퇴행적 관점으로만 접근하기 때문에 나타나는 현상이다. 교세 감소 현상은 이러한 요인들이 결합하여 개신교의 '사회적 공신력'을 추락시킴으로써 생겨난 '업보'이다.

그런데 오늘날 보수 진영으로 대표되는 개신교의 주류세력은 위기의 원인을 안에서보다는 바깥에서 찾는 경향이 있다. 안티 기독교 세력의 무차별적 기독교 공격과 시민사회의 좌경화에서 위기의 원인을 찾고 있다. 심지어는 '참여정부'가 좌경 언론과 방송을 총동원하여 '기독교 죽이기'에 '올인'했기 때문에 개신교의 위기가 초래되었다고 믿는 사람들도 있다.

이처럼 위기의 원인을 외부 세력의 '음모'와 '박해'에서 찾는 사람들은 '교회의 세력화'를 통해 쉽게 해답을 찾으려고 한다. '잃어버린 10년'을 되찾아야 한다는 강박 관념 하에 거리로 뛰쳐나가 극우세력과 함께 연출하는 총궐기대회, 우파정권 창출을 위해 종교NGO의 형식을 취한 기독교계 뉴라이트, 그리고 '사랑 실천'을 외치면서 힘센 정당 만들기에 주력하는 기독당의 모습 속에서 우리는 무엇을 읽어낼 수 있는가?

현미경을 통해 그 모습들을 관찰하면 거기에는 다양한 모습으로 끊임없이 변신하면서 자기 자신을 무한 증식해 가는 종교권력의 검은 그림자가 보인다. 요컨대 오늘날 한국사회의 개신교 종교권력은 교회세습과 종교적 비자금과 젠더의 위계화를 통해 자신의 기반을 확보하며, 신자유주의와 대형교회주의와 도덕적 파시즘을 통해 자신을 드러내며, 궐기대회와 뉴라이트와 기독당을 통해 자신을 확장시키고 있는 것이다.

한국 개신교의 위기 극복은 정치적 세력화를 통한 타자 공격이나 교회의 대형화를 통한 무조건적 자기팽창이 아니라 다양한 방식을 통해 스스로를 무한 증식해 가는 종교권력의 해체 작업에서부터 시작되어야 할 것이다. 이를 위해서는 종교권력의 약한 고리에서부터 균열의 지점을 찾고 권력의 질서를 교란하는 작업부터 해야 할 것이다.

물론 이러한 작업은 '힘의 논리'에 의해서가 아니라 '섬김의 논리'로 임해야 할 것이다. 섬김이란 무엇인가? 그것은 모든 권력관계의 자발적 포기를 의미한다.[34] 힘의 논리는 또 다른 종교권력의 창출로 이어지기 때문에 종교권력의 해체를 위해서는 섬김의 논리로 다가가야 한다. 섬김의 논리는 '자발적 가난'을 추구하며 '예수 믿고 손해 보기'의 정신을 따르는 것이다.[35]

---

[34] 채수일, "'기독교사회책임' 그 이름값을 묻는다 : 한국교회 사회운동, 역사와 전망", 〈기독교사상〉, 2005년 1월, 57쪽.

[35] 서정민, "시론: 예수 믿고 손해 보기", 〈조선일보〉, 2007년 9월 8일.

■ 논찬

종교권력을 우려한다

박광서 교수
(서강대학교, 물리학/종교자유정책연구원 공동대표)

1. 기독교의 등장

최근 수년 사이 종교 문제와 갈등이 사회문제로 떠오르면서 다문화·다종교 사회인 우리 사회의 통합과 평화에 최대 걸림돌이 종교문제일지도 모른다는 불안감의 배경이 되고 있다. 특히 기독교의 권력화 현상으로 인한 사회 갈등을 예방하거나 최소화하기 위해 국민적 논의와 합의가 필요한 시점이라는 점에서 본 학술대회가 중요하며 시의적절하다 할 수 있다.

발표문은 개신교 성장의 역사적 배경과 과정, 그리고 최근의 권력화 현상에 대해 짜임새 있게 요약해 주고 있다. 문명국가의 신종교로서의 기독교 이미지, 친미 기독교 세력의 등장, 미군정과 건국초기의 기독교 우대정책, 군사독재정권 시절 민주화 운동 선봉자로서의 공로 등으로 기독교가 우리 사회에 정착하게 된 배경과 함께 10여 년 전부터 본격적으로 정치세력화하는 과정을 꼼꼼하게 설명하고 있다. 특히

80년대까지 국민의 박수를 받으며 자유와 인권을 위해 싸워주던 진보 기독교와는 달리 민주화가 한 고비 넘긴 90년대부터 그동안 정교분리를 주장, 교회의 정치·사회적 참여를 비판하며 사회돌풍을 피해 체력강화를 해오던 주류 보수 기독교로 '선수교체' 되면서 스스로 정치권력으로 변신하고 있는 기독교계를 날카롭게, 그리고 우려스럽게 분석하고 있다.

평소 놓치기 쉬운 부분까지 폭넓고 객관적으로 다룸으로써 단순한 공감을 넘어 종교사회적 현상의 본질에 대해 새롭게 성찰할 수 있는 계기를 마련해 주고 있다는 점에 각별한 감사를 드린다. 그것은 신뢰받는 중견 종교학자이고 우리 사회에 대한 애정이 깊은 발표자가 아니면 하기 어려운 일이다.

반면에 종교학이나 사회학 전공자가 아닌 논평자로서는 종교권력에 대해 학술적으로 심도 있는 논평을 할 입장은 아니다. 다만 불교인의 한 사람으로 제3자의 시각에서 기독교 권력화 현상을 어떻게 볼 수 있을지 보완적인 시각으로 언급할 부분이 있을 수 있을 것이다. 그러나 비기독교인의 입장에서 교회세습이나 여성차별, 해외선교 등 교회 내부의 문제를 다루는 것은 적절치 않다는 생각이며, 사회적 의제 또는 정치영역과 관련된 내용, 그 중에서도 비기독교인으로서 더 절실하게 느끼는 부분을 세밀하게 논의하는 것이 필요할지 모른다. 특히 '종교자유정책연구원'이라는 단체를 중심으로 종교시민운동을 하고 있기에, 종교권력의 문제점을 '종교의 자유'라는 헌법상의 종교인권과 '정교분리'라는 국민합의 차원에서 살펴보는 것이 논평자의 몫이 아닐까 생각해 본다.

2. 종교권력, 사회를 흔들다

권력은 복종을 강요하는 사회적 힘을 의미하며, 정치는 그 권력을 어떻게 배분하는가를 담당하는 영역이다. 권력은 통치를 위해 국민으로부터 위임 받은 국가권력을 지칭하지만, 넓게는 '강제적 힘으로 느껴질 만한 모든 세속적 실력'을 통칭 권력이라고도 한다. 공권력 외에 언론·학교·기업·종교 등 특정 이해집단이 본연의 고유 영역과 방식을 넘어 사회적 강제성을 확보하면 사회 권력이 되는 것이다. 종교가 정치에 관여하는 것은 독재·부패·인권침해 등 불의에 대해 견제하는 청량제 역할에 그쳐야 한다. 그것이 국민들이 바라는 종교에의 기대 수준이며, 그 이상 직접적이고 깊숙한 개입은 특정종교의 이해관계를 극대화하기 위한 권력화로 간주될 소지가 다분하다.

종교 관련한 문제가 사회 이슈화된 것은 10여 년 전부터이지만, 2004년 이후 전례 없이 빈번하고 격해지기 시작하였다. 학교 내 종교 자유를 주장하며 단식까지 했던 강의석군 사건, 서울시를 하나님께 바쳐버린 이명박 전 서울시장, 시 예산을 선교사업에 쓰려 했던 정장식 전 포항시장 등 공교육현장과 공직사회에서 사적인 종교가 과잉 표출됨으로써 국민의 기본권이 제한되거나 비기독교인들을 소외시킨 종교문제가 연달아 불거졌다. 국가보안법이나 반북친미 같은 정치적 이슈를 들고 나온 기독교 보수집단의 시국집회는 처음에 의아해하던 국민조차 이제 익숙한 장면이 되었다. 지난해에도 종교문제는 언론의 도마 위에서 떠난 적이 거의 없다. 목사들이 삭발까지 하며 한나라당과 함께 기어코 개정 사립학교법을 무력화시키는 것을 보며 국민은 혼란스러워했고, '문명의 충돌'을 실감케 해준 개신교인들의 무모한 아프간 선교행위와 인질사태로 인해 국민 모두가 함께 볼모가 되어

짜증나는 여름을 보내야 했다. 최근에는 재정투명성 문제와 종교인 소득세 납부 문제로 기독교가 시민사회와 힘겨루기를 하더니, 정치의 계절인 대선과 총선에 즈음하여 또 다시 종교색깔 드러내기나 종교정당의 출현 등 종교권력의 분출로 인해 사회가 흔들리고 있다.

3. 종교권력과 국민의 기본권

개인이나 집단의 과도한 종교적 행위는 종교 오염이나 무례로 비쳐져 타인을 당황하게 하거나 불쾌하게 만들기 쉽고, 한 발 더 나아가면 부당한 차별이나 종교폭력으로 발전해 증오와 분노를 유발하게 될 뿐만 아니라 제도적·관행적인 인권침해로 굳어질 가능성이 크다. 종교집단이 더 권력화되기 전에 공존의 기준에 대한 사회적 합의가 시급한 이유다.

다종교 사회에서 서로 얼굴 붉히지 않고 평화롭게 살기 위한 최소한의 기본 룰이 있다. 개인적인 종교행위는 다른 종교인들이 불편해 하지 않을 정도라야 한다. 더 중요한 것은 공공영역을 종교로부터 자유롭게 해야 한다는 점일 것이다. 공공영역은 사회구성원 그 어느 누구도 개인적 신념이나 이익을 위해 독차지할 수 없도록 합의한 공간이기 때문이다. 이 공간마저 종교로 오염시킨다면 숨 쉬고 살 곳이 어디 있겠는가.

공공영역에서의 종교 관련 사회문제들은 크게 세 가지로 구분된다. 공교육 현장인 학교에서의 종교교육·종교의식의 강요와 특정종교인들만의 선별채용 등 종교로 인한 인권침해와 차별, 공공행사에서 공직자의 특정종교 행위, 그리고 공공장소에서의 무차별 선·포교행위 등이 그것들이다. 우리 사회에 이러한 법질서의 틀 또는 게임의 룰부터 먼저 자리 잡아야 힘의 논리에 의해 종교가 권력화로 치닫는 것을 막을 수 있을 것이다.

다양한 진리가 공존하는 글로벌 문화시대에 여러 종교가 활성화되어 있는 한국사회는 그 나름대로 인류문화에 기여할 자격과 역할이 있을 것이라는 긍정적인 시각과 기대가 있는 것도 사실이다. 그러나 기독교의 편협성과 배타성이 오히려 부담스럽다는 견해 또한 만만치 않다. 여러 종교들에 대해 쓴 소리를 마다하지 않는 김용옥은 "기독교는 질시와 배타와 반목의 좁은 패거리 의식에서 벗어나야 한다"고 비판했다. 사랑이란 간판을 내걸고 미움을 가르쳐 '패거리 문화'를 만드는 게 종교가 할 일이라고 생각지 않는다. 그러지 않아도 학연과 지연에 의한 갈등으로 멍든 우리 사회에 '종연(宗緣)'까지 얽혀서 특정종교 또는 그 종교인들만의 '끼리끼리' 분위기를 만들어 결과적으로 다른 종교인들을 노골적으로 차별한다면 얼마나 살기 피곤한 세상이 될 것인가. 영국 어느 방송국에서 내보냈다던 맨해튼을 배경으로 한 "종교 없는 세상을 상상해 보라!"는 광고가 솔깃해지는 세상이다.

다종교 국가 중 한국만큼 비기독교인으로 사는 데 불편을 느끼는 나라는 없다는 말이 있을 정도라니 '불안한 동거'라는 표현이 적절한 것 같다. 최근 몇 년 사이 반기독교시민운동연합, 종교비판자유실현시민연대 등 안티기독교 단체나 기타 수십 개의 안티기독교 인터넷사이트들과 종교법인법제정추진시민연대, 종교자유정책연구원 등 일련의 종교시민운동 단체들의 공개적인 활동은 배타적인 기독교가 자초한 것이기도 하지만, 건강한 종교계를 바라는 국민의 기대가 있기에 가능한 일일 것이다

4. 근본주의, 배타성과 권력화의 뿌리

종교는 두려움과 고통의 궁극적 뿌리를 찾아 세속적 탐욕을 버리고 타인과 사회를 자비와 사랑으로 보살피는 역할을 한다. 그런데 무종교 또는 타종교인들에게 무례를 넘어 공격적일 수 있다는 사실을 단순히 개인적인 성향으로 돌려버릴 수 있는 것일까. 다수가 자주 그런다면 종교집단 전체에 문제가 있다고 보아야 한다. 교리 해석에 문제는 없었는지, 혹시라도 알게 모르게 증오심과 적개심을 자극하고 부추기는 종교교육은 없었는지 진지하게 함께 고민할 필요가 있다.

기독교의 배타성과 공격성은 19세기 자유주의 신학과 현대 과학사상의 영향력 확대에 대항하여 반동적으로 일어난 일종의 종교운동이었던 기독교 근본주의가 그 뿌리라고 할 수 있다. 중세까지 정치·과학·철학·예술 등의 여러 분야와 미분화된 상태에서 그 영향력이 절대적이었던 기독교였지만, 16세기부터 19세기까지 갈릴레오(1564~1642), 뉴턴(1642~1727), 다윈(1809~1882)이 주도한 과학혁명을 거치는 동안 기독교 교리에 대한 신뢰가 무너지기 시작하였다. 기독교에 가장 위협적이고 큰 타격을 준 것은 1859년 '종의 기원'이란 저서로 발표된 다윈의 '진화론'이었음은 두말할 나위 없다. 기독교는 권위를 다시 찾을 필요를 절실하게 느끼게 되었고, 1881년 프린스턴 대학의 하지와 워필드는 기독교 신앙의 근본교리를 고수해야 한다는 명분 아래 기독교 근본주의를 주창하게 된다. 그 핵심교리는 철저하게 문자주의에 기초한 소위 '성서(聖書) 무오류설(無誤謬說)'로서 타종교인은 물론 같은 종교인이라 해도 신앙 노선이 다르면 거부하는 폐쇄적이고 배타적인 성격을 띠고 있다.

근본주의는 20세기 초반까지 세를 얻다가 양자역학과 상대성 이론

등 현대과학의 풍성한 성과로 인해 반지성주의라는 비판을 받고 1930년대 이후 퇴조하기 시작했는데, 1,2차 세계대전을 거치면서 미국 개신교 내의 보수운동으로 다시 고개를 들게 된다. 특히 1975년 월남전 패배와 함께 도덕적 침체를 벗어나기 위해 사회분위기를 다시 기독교 근본주의로 몰아감으로써 새로운 탈출구로 삼게 되는데, 1978년 레이건은 대통령에 당선되자마자 '성경의 날'을 선포하고, "악의 리비아와 선의 이스라엘의 갈등이 이미 구약에 예언돼 있었다"고 선언한 뒤 리비아에 무자비한 폭격을 지시하기도 했다. 미국은 1990년대 초 소련의 붕괴와 함께 동서냉전이 막을 내린 후 세계 유일 최강국이란 위상이 기독교 근본주의에서 온다고 착각한 나머지 반미·반기독교 세력인 이슬람권을 응징하기 위해 거침없이 걸프전, 아프가니스탄 전쟁, 이라크전 등 수 차례 전쟁을 일으키게 되며, '악의 축'에 대한 확신, 그리고 자신과 자신의 국가만이 신의 대리자로서 정의를 관장한다고 믿는 조지 W 현 부시 대통령 시대에 정점에 달한 듯하다. 그는 이라크전에 앞서 "하늘에 계신 아버지와 협의했다"고 말했고, 전쟁 발발 이후에는 전 세계를 향해 주저 없이 '미국 편에 서지 않으면 테러리스트 편'이라고 윽박지르며 줄 세우기를 꾸준히 시도해 왔다. 역사를 돌아볼 때 자기 종교만이 진리라는 극우 기독교도들의 '선악놀이'는 끝날 기미가 보이지 않는다.

한국기독교사회문제연구소의 조사에 따르면, 기독교 신자들 중 '성경은 글자 하나하나가 하나님의 말씀이다'라고 믿는 사람들이 놀랍게도 목회자가 85%, 평신도는 92%에 달한다고 한다. 1910~20년대 미국의 선교사들이 서구종교 우월주의에 기반해 전통적 신앙을 비난하고 말살하고자 가르쳐준 대로 너무나도 철저히 믿고 따르는 한국인들에 대해 미국인들 스스로도 놀랄 정도라고 한다. 지구상의 기독교 중 한국의 개신교가 미국 다음으로 배타성과 공격성이 강한 배경이며 우리 사회의 통합에 오히려 부정적인 기능을 할지도 모른다는 우려가 가시지 않는 이유다.

절대선은 절대악이다. 20세기 중반 러시아의 반체제 작가 앙드레이 시스키는 그의 저서 '사회주의 리얼리즘에 대하여'에서 "감옥을 없애기 위하여 우리는 새로운 감옥을 지었다. 모든 국경은 사라져야 한다고 해서 중국식 장벽을 쌓았다. 노동은 휴식과 쾌락이어야 한다고 해서 우리는 강제노동을 도입했다. 한 방울의 피도 흘려선 안 된다고 해서 우리는 죽이고 또 죽였다"고 설파한 바 있다. 평등이란 '절대선'을 위해 출발한 사회주의가 어떻게 파멸이란 '절대악'으로 치달을 수가 있는지에 대한 그의 지적을 음미하면서 종교근본주의의 위험성을 철저히 경계해야 할 것이다.

사랑으로 포장된 위선과 배타를 우리 모두 직시해야 한다. '원수를 사랑하라'는 예수님의 말씀을 들이댈 생각은 없다. 그러나 '이웃을 사랑하라'는 동서고금의 가르침 정도는 늘 떠올리며 살아가야 종교인이라고 할 수 있지 않을까. 철저하게 자기 자신이나 자기 종교집단의 이익에만 집착해 온 사람들에게 그마저도 어려운 일일까.

종교학자 장석만은 "하나의 종교만이 있어야 한다는 목소리가 높을 때는 항상 불행했다. 종교는 이중성을 지니고 있다. 인간이 지닌 가장 고귀한 이상을 실현시키기 위해 애쓰는 측면이 있는 한편 인간의 잔인성을 거리낌 없이 배출해 온 측면도 있다. 그래서 종교인은 항상 '다른 것'을 '잘못된 것'으로 간주하려는 충동을 이기기 위해 긴장해야 한다"라고 지적했다. 종교의 이중성에 대해 늘 되돌아 볼 것을 주문하고 있는 것이다.

5. 힘 숭배의 종교

2005년도 인구주택총조사에 의하면, 우리나라의 종교 인구는 불교 22.8%, 개신교 18.3%, 가톨릭 10.9%, 기타 1.0%로 총 인구의 53%에 해당하는 사람들이 종교를 갖고 종교 간 균형을 이루고 있는 편이다. 그런데 국회의원 중 종교인이 3/4을 넘는다고 한다. 국민 전체 종교 비율의 1.5배 수준이다. 특히 개신교와 천주교 등 기독교인이 국회에서 차지하는 비율은 전 인구의 기독교인 비율의 2배 이상이라고 한다. 정치인이 더 도덕적이고 종교적이어서가 아니라 권력지향적 종교에 기대고 싶은 심리 탓이라고 보는 게 타당할 것이다. 심지어 현직 목사들까지 다수 자리를 차지하고 있는 정치판을 어떻게 보아야 할 것인가.

우리 사회에서 정부를 포함해 기독교를 제어할 수 있는 어떤 세력도 존재하지 않는 듯하다. 종교권력 문제를 다룰 때 기독교가 주로 대상이 되고 있는 이유다. 불교는 상대적으로 도그마성이 적은 교리의 특성상 타인에 대한 강제성이 적을 뿐만 아니라, 권력화도 사회를 향할 만큼 진화되어 있지 않고 주로 자체 내부 다툼으로만 한정되는 경우가 대부분이어서, 사회 권력으로서는 기독교에 비해 그 영향이 미미할 수밖에 없다. 대내외적인 환경으로 인해 불교를 포함한 한국의 전통종교가 정신 차리거나 기력을 회복하기 전에 미국의 절대적인 지원 아래 급성장한 기독교가 비판의 중심에 서게 된 것은 어찌 보면 당연한 일인지도 모른다. 한국 기독교가 어떻게 '힘숭배'의 권력종교로 서게 되는지 살펴보자.

영락교회를 세우고 대광학교를 설립한 한경직 목사의 권력 지향성은 많은 것을 생각하게 한다. 그는 1938년 신사참배 결의 시 "권세들에게 굴복하라. 권세는 하나님께로 나지 않음이 없나니 모든 권세는 다 하나님의 정하신 바라. 그러므로 권세를 거스르는 자는 하나님의 명을 거스름이니 심판을 자취하리라"는 로마서 13장을 인용하면서 권력에의 굴종을 호소했다고 한다.

'국가조찬기도회' 또한 유신독재 찬양 등 역대 정권의 정치적 정당성을 확보하기 위한 수단으로 이용돼 왔다는 비판을 감수해야만 했다. 대학생선교회를 이끌었던 김준곤 목사는 73년 조찬기도회 설교에서 "민족의 운명을 걸고 세계의 주시 속에서 벌어지고 있는 10월 유신은 하나님의 축복을 받아 기어이 성공시켜야겠다"고 했다고 한다. 국가를 위한 기도는 종교계 전체가 따로따로 알아서 할 일이다. 최고 권력층을 초청한 특정종교인들의 기도회는 자신들의 기득권 강화와 권력 교두보 확보 전략으로 대표적인 정권유착의 사례라고 할 수 있다. 개신교계가 수십 년 동안 '친미·반공·권위주의·성장주의'라는 동류의식과 함께 정권이 바뀌어도 언제나 밀착, 실속을 차릴 수 있었던 요인 중 하나다.

그에 반해, 김대중·노무현 두 정권에서는 '대북관계 개선·민주화·분배주의' 등 도무지 코드를 맞출 수 없다보니 사회 주류에서 주변세력으로 밀려날 수밖에 없었다. 그들이 말하는 소위 '잃어버린 10년 세월'이다. 최근 대형교회 중심의 보수 개신교계가 필요 이상 불안해하고 공세적이기까지 한 이유일 것이다. 이승만-박정희-전두환-노태우-김영삼 정권으로 이어지는 밀월관계가 깨져 기득권을 더 이상 보장받을 수 없게 된 데 대한 반작용이라는 것이다. 게다가 자유권·평등권·행복권 등 시민의 권리 찾기 분위기에 점점 더 그 고유 영역을 뺏긴다는 조바심이 생겼고, 지난 10년 간 신도수가 14만 명이나 준 사실과 국민들 사이에 팽배해진 반기독교 정서에 대한 충격에서도 벗어나지 못하고 있는 듯하다.

일부 몰지각한 개신교인 공직자들이 자신의 지위를 이용해 도시선교 사업을 지원하는 소위 '성시화(聖市化)운동'도 정교유착으로 이어지는 심각한 문제다. 그것은 각 지역에서 힘깨나 쓰는 개신교인 기관장들의 모임인 소위 '홀리클럽(Holy Club)'이 주도하는 운동인데, 생각해 보라, 온갖 고급 정보를 갖고 있고 막강한 권력을 행사할 위치에 있는 지도급 기관장들이 특정종교라는 이해관계로 지속적으로 만난다면, 편파적 정보제공 내지 권력집행에 대한 국민들의 의혹의 눈초리를 피할 수 있겠는가.

대통령이 아니더라도 고위 행정직이나 선출직 자치단체장의 경우 단순히 사적인 종교생활로 믿어달라는 주문은 억지다. 이명박 전 서울시장, 정장식 전 포항시장, 문봉주 뉴욕총영사, 서찬교 성북 구청장, 안상수 인천시장, 박세직 재향군인 회장, 이영무 대한축구협회 기술위원장 등이 대표적인 종교편향적 공직자들이다. 물론 공직자도 자신의 종교를 신봉할 자유가 있다. 그러나 '무지'이든 '의도적'이든 공직의 신분을 망각한 채 특정종교 편향적 발언이나 행정행위를 하는 것은 사회분열을 조장하는 위험천만한 일이 아닐 수 없다. 공인의 신앙생활은 '골방에서 기도하듯' 해야 하는 까닭이다.

사립학교법 같은 사회적 이슈에 대해서도 정치인들에게 압박을 가하고 물리적으로 저항하거나 왜곡하면서 어렵사리 개정해 놓은 사립학교법을 재개정함으로써 기득권 수호에 혈안이었던 주류 보수 개신교 세력을 국민들은 똑똑히 보았다. 서울시청 앞에서의 기독교 대형 집회 때는 성조기 물결이 넘쳐나고 어떤 목사는 영어로 기도했다고 하니 이런 코미디가 어디 있겠는가. '힘 숭배'의 종교라는 면목을 유감 없이 드러내는 장면이 아닐 수 없다.

반세기 전 어느 지식인은 한국 교회가 섬기는 것이 세 가지가 있는데, 일제 때는 '하느님 · 돈 · 일본', 해방 후에는 '하느님 · 돈 · 미국'이라고 비판한 적이 있다. 역대 정권들도 대부분 미국 커넥션과 표를 의식해 기독교에 우호적이거나 때로는 특혜적인 관계를 유지해 온 것이 사실이며, 그것은 곧 기독교가 '힘의 논리'에 익숙해진 배경이기도 하다. 개신교계의 90%에 해당하는 주류 보수층은 아주 큰 힘, 예컨대 일제 강점기나 군부독재 시절에는 물밑에서 권력과 결탁해 조용히 숨죽이며 소위 '부흥운동'에 치중함으로써 비정치적인 집단으로 자신을 감추지만, 조금만 틈이 생기고 더 이상 얻을 것이 없다 싶으면 신도와 돈을 동원해 가차 없이 공격하는 모습으로 돌변한다. 정치–종교 지형에서 세력균형이 깨지는 조짐이 있을 때마다 삼투압 작용이 일어나고 있는 것이다.

6. 비기독교인은 2등 국민

국민의 합의사항인 헌법은 제11조에서 "모든 국민은 법 앞에 평등하다. 누구든지 성별 · 종교 또는 사회적 신분에 의하여 차별을 받지 아니 한다"고 못 박고 있으며, 제20조 제1항 "모든 국민은 종교의 자유를 가진다", 제2항 "국교는 인정되지 아니하며 종교와 정치는 분리된다"고 명시함으로써 종교의 자유가 국민의 기본권이며, 정치와 종교는 엄격히 분리됨을 명백히 하고 있다. 개인은 그가 믿는 종교 때문에 사회적으로 물의를 일으키지 않는 한 그의 내면적인 종교는 존중되어야 하며, 국가는 국민들이 이 최소한의 자유를 누리고 종교로 인해 소외되지 않도록 제도·정책의 수립과 관리·감독의 책임이 있는 것이다.

종교자유와 정교분리 정신은 서구역사에 그 뿌리를 두고 있다. 12세기 전후로 170여 년이나 치러진 십자군전쟁, 17세기 유럽 전체를 휩쓴 신·구교 간의 30년 전쟁 등 피비린내 나는 종교전쟁에서 얻은 뼈아픈 경험의 산물이다. 서구사회에서 정교분리가 처음 확립될 때에는 주로 정치가 종교의 고유영역을 침범하여 활용하거나 유린하는 것을 막기 위한 것이었지만, 현대사회에서는 오히려 종교가 국가권력과 밀착하여 순수목적을 뛰어넘어 주도력을 행사하거나 세속적 권력과 이익을 추구하는 것을 경계하고자 하는 의미가 더 부각되고 있고, 현재 한국의 상황도 마찬가지인 듯하다.

오늘날 우리나라에서 종교자유라는 기본권과 정교분리라는 헌법 정신이 엄격하게 지켜진다고 보기 어려운 사례들이 적지 않다. 권력화된 특정종교가 국민의 기본권을 침해하고 공공영역에서 무종교인이나 타종교인을 차별하는데도 국가는 그 종교의 눈치만 살피는 일이 비일비재한 현실이기 때문이다. '종교의 권위'에 '세속의 권력'마저 누리려는 권력지향적인 일부 종교계에 원천적으로 문제가 있는 것이 사실이지만, 세금을 내는 국민의 입장에서는 종교인권의 침해와 종교적 차별을 묵인·방조함으로써 직무유기를 하고 있는 정부와 정치인들에 대한 실망감 또한 크다. 특정종교에 치우친 종교정책을 방치한다면 종교로 인해 언제든지 충돌할 가능성이 있다. 정치와 종교 두 권력이 공공영역의 종교오염을 어떻게 유발하는지, 그리고 그 폐해와 상처는 얼마나 깊고 오래 가는지 사례들 중심으로 살펴보자.

우선 대통령의 종교 문제다. 국가 최고지도자의 의식구조는 정치권뿐 아니라 사회 전반에 큰 영향을 미친다. 따라서 대통령이 종교색깔을 분명히 하는 경우 더 이상 대통령 개인의 문제일 수 없다.

지난해 7월 '종교자유정책연구원'이 불교·개신교·천주교 등 3대 종교 지도자 3백 명을 대상으로 '정치와 종교'에 관한 설문 조사를 실시한 결과, 역대 대통령 중 가장 종교편향적이었던 대통령으로 1위가 김영삼 대통령(42.7%), 2위는 이승만 대통령(30.0%)으로 나타났다고 한다. 스님 70.8%와 신부 48.9%가 김영삼 대통령을 꼽은 데 반해, 흥미롭게도 목사의 경우 8.9%만이 김영삼 대통령이라고 답한 반면 50%가 이승만 대통령을 꼽은 것을 보면 종교 간 미묘한 정서적 차이가 드러난다.

김영삼 대통령이 당선되고 제일 먼저 한 일은 청와대라는 상징적인 공공장소에 목사를 초청하여 예배를 본 일이다. "당선되면 청와대에 찬송가가 울려 퍼지게 하겠다"던 기독교인들과의 철없는 약속을 지키는 맹신자의 모습이었으며, 그 후 수년 동안 종교문제로 바람 잘 날 없으리라는 신호탄에 불과했다. 기독교 집회에 국가예비군을 강제로 동원해 사회적 비난을 받은 적도 있고, 김영삼 대통령 자신이 직접 국방부 내 교회에서 공직자들을 대동하여 공개적으로 예배를 보는 모습이 TV와 신문을 통해 보도되었다. 종교 간 형평이나 군대의 사기 문제는 안중에도 없었다. 90년대 초 걸프전 당시 미국 대통령이었던 H.W. 부시(현 조지 W. 부시 대통령의 아버지)가 이라크 전장을 둘러볼 때 기독교 병사들로부터 예배에 참석해 줄 것을 요청받았지만, "미국의 군대는 기독교 군대가 아니다. 타종교 병사들의 사기는 어떻게 하나"라면서 정중히 거절한 적이 있다고 한다. 헌법수호를 선서한 대통령의 처신이 어떠해야 하는가에 대한 좋은 표본이며 김영삼 대통령과 극명히 대비된다. 종교적 편견이 심했던 김영삼 장로 대통령과 그 주변의 장로 정치인들은 타종교인들에게 많은 상처를 주었다. 1996년 김영삼 정권 시절에 한국 정치사상 최초로 '기독교민주당'이란 기독교 정당이 생긴 것도 우연이 아닐 것이다. 아마도 최근 우리 사회의 반기독교 정서는 어쩌면 김영삼 대통령 시절부터 커지기 시작한 것 아닐까 생각도 해본다.

기독교 국가를 꿈꾸던 이승만 대통령도 자신의 종교를 드러내는 것을 주저하지 않았다. 1948년 5월 31일 제헌국회 개원식에서 임시의장으로 추대된 그는 "우리가 다 성심으로 일어서서 하나님께 감사드릴 터인데 이윤영 의원(목사) 나오셔서 기도를 올려주시기 바랍니다"라며 식순에도 없는 횡포를 부렸고, 이어진 개회사에서도 감사할 대상 중 첫째로 '하나님'을 꼽아 비신자들에게 낙오자가 되는 모멸감을 느끼게 해주었다.

김대중 대통령의 경우 81년도에 하버드 대학에서 강연을 했을 때 한 여교수로부터 "기독교 전통이 아닌 한국에서 정치지도자들이 기독교를 앞세우며 이용하는 것이 이해되지 않는다"는 질문을 받는 것을 논평자가 직접 목격한 일이 있다. 한국 지도자들의 종교 의존적 정치 행태가 오히려 밖에서 지적된 것이다. 천주교 신자인 대통령과 개신교 신자인 이희호 여사의 영향 아래 청와대와 내각, 그리고 행정부와 군·경 등의 고위 임명직에 불교인을 소외시키고 기독교 일색으로 채웠다는 불만도 많았다. 각종 위원회에 기독교 인사(현직 목사 포함)가 50~60%인데 반해 불교 인사는 10%에도 못 미치는 등 국민정부가 문민정부 때보다 더 심하다는 보고도 있었다.

대통령의 강한 종교색깔은 종교차별 정책으로 이어져 사회통합에 장애가 된다. 예를 들면, 48년 군 창설과 함께 도입된 군목 제도에 비해 20년 뒤인 68년에 비로소 군승 제도가 시작되었고, 현재 군종장교 숫자도 군목사 265명, 군신부 82명, 군법사 140명으로 기독교계가 불교계의 2.5배나 된다. 49년 크리스마스가 휴일로 지정된 후 26년이 지난 75년에서야 비로소 부처님오신날이 휴일이 되었고, 54년 기독교방송이 시작된 후 무려 36년이 지난 90년이 되어서야 불교방송이 개국할 수 있었던 것도 건국 초부터 모든 인사 및 제도에서 친기독교로 일관한 파행적 정책 때문이었음은 물론이다.

지난해 8월 21일 한나라당 경선에서 선출된 이명박 대선후보가 국립묘지에 이어 가장 먼저 달려간 공식방문지는 한기총 사무실이었다는 사실은 무엇을 말하는가. 연말 17대 대선을 앞두고 일부 교회에서는 신도들에게 노골적으로 이명박 장로를 찍으라고 했단다. 또 한 번의 '장로 대통령 만들기'가 시도되었던 것이다. 다종교 사회인 한국에서 대통령이 종교적으로 편협한 경우 아랫사람들이 알아서 '하나님' 운운 하게 되고 정책적으로 편향될 가능성이 많으며 그것은 곧 사회분열로 이어진다. 종교문화적 편협성이 없는 사회통합형 대통령의 선출을 기대하는 까닭이다. 2004년 서울시를 하나님께 봉헌했던 그는 지금까지 한 번도 공개적으로 국민들에게 사과한 적이 없다. 공과 사가 불분명하고 종교적 갈등을 유발할 가능성이 가장 큰 후보라는 이유로 불교계가 가장 꺼리던 후보가 당선되어 종교적 긴장감이 아직 남아 있는 게 사실이다.

한편 아프간 피랍사태는 우리 사회에 '정치와 종교'뿐 아니라 처음으로 '국가와 개인'이란 화두를 던져 주기도 했다. 종교적 신념으로 선택한 모든 상황을 국가가 끝까지 지켜주어야 하는지, 선교사업 뒤치다꺼리로 인해 국민들에게 돌아가는 물적·정신적 피해는 누가 감당할 것인지. 국민의 90% 이상이 정부의 구상권 행사를 지지했다는 사실은 더 이상 종교로 인해 함께 볼모가 되어 스트레스 받고 싶지 않다는 것 아니겠는가. 더구나 소말리아 인근해상에서 피랍된 지 반 년이 지난 한국인 선원 4인에 대한 정부의 무관심과 무대책에 비해 아프간 피랍 개신교인 24인에 대한 과잉이라 할 정도의 국가의 신속한 대응은 형평을 잃은 것 아니냐던 당시 국민의 성토가 생생하다. 먼저 발생한 사건인데다 생업을 하면서 외화벌이 하다가 발생한 사건보다 선교를 위해 위험을 자초하며 가지 말라는 지역을 비웃듯이 빠져 나가 사고 친 사람들을 국정원장이 무용담처럼 떠벌이며 구해오는 현실을 어떻게 이해해야 할까. 기독교인 외에는 2등 국민이란 자조가 과장이라고만 할 수 있을까.

　공교육현장이라는 특수한 공공영역에서의 종교차별과 인권침해는 더욱 심각하다. 종교가 없거나 다른 게 무슨 죄라고 학생들이 노예처럼 강제로 설교를 듣고 교리를 배우며 찬송가를 부르고 기도를 해야 하다니, 어느 종교학자의 '종교야만국가'라는 비판도 이해할 만하다.

　학교에서의 종교 강요가 처음 사회문제화 된 것은 2004년 6월 대광고 학생회장이던 강의석 군이 '예배 선택권'을 달라며 45일간 단식까지 했던 사건일 것이다. 그동안 수십 년 간 종교 사립학교 내에서의 예배 및 기도 강요 관행에 대한 문제제기는 사실상 금기에 가까웠다고 할 수 있을 정도인데 한 고등학생이 인권차원에서 정면으로 문제 삼고 나선 것이다. 이를 계기로 종교인권에 대한 국민적 관심은 높아지게 되었고, 우리가 과연 헌법이 존중되는 자유민주주의 국가에서 살고 있는지 돌아보게 했다. 그나마 2004년 강의석 군의 단식으로 바로 얻어낸 개선 결과라면 대광고를 포함 대부분의 사립 중·고등학교들이 당시 국가인권위원회의 종교차별 시정권고를 따라 '학생회 임원은 기독교인이어야 한다'는 규정을 없앤 것인데, 모든 국민이 환영했던 참으로 다행스런 결정이었다. 또 2005년 10월 시작된 손해배상 청구소송에서 법원은 2년 만인 2007년 10월 "종교의식 강요로 기본권을 침해당했다"는 강 군의 손을 들어주었다. 종교문제로 피로감이 쌓인 국민들에게 모처럼 한 가닥 희망을 던져준 역사적 판결이었다.

　국민적 시선이 따가운데도 기독교 학교들이 강제 채플과 종교과목 필수부과로 버티고 있는 근거와 배경은 도대체 무엇일까.

　첫째, 종교계에서 세운 학교이니 '예배나 선교'가 허용되어야 한다는 소위 '건학이념' 논리다. 그러나 학교의 설립이념 실현을 위해 헌법에서 보장하고 있는 학생 개인의 기본권인 종교의 자유를 희생시켜도 좋다는 것인가? 학생의 '종교의 자유'와 종교사학의 '종교교육의 자유'가 대등하게 충돌하는 것처럼 내세우는 것도 두 자유가 같은 차원에서 논할 성질의 것이 못 된다는 점을 애써 감추려는 의도된 대국민 호도에 불과하다. 학생의 신앙(무신앙 포함)의 자유가 선교의 자유보다 우선시 되어야 하기 때문이다. 마치 2004년 헌법재판소가 "혐연권(嫌煙權)은 흡연권(吸煙權)보다 상위의 기본권이므로, 상위 기본권 우선의 원칙에 따라 흡연권은 혐연권을 침해하지 않는 한에서 인정되어야 한다"고 밝힌 논리와 유사하다. 종교사학의 강제예배 관행은 관리감독의 책임이 있는 교육부가 너무 오랫동안 직무유기를 한 결과 당연한 권리처럼 굳어진 것일 뿐이며, 국민의 기본권을 유린하는 기독교의 대표적인 비교육적·반인권적 권력행사일 뿐이다.

법원은 "종교단체가 선교 목적으로 학교를 설립했다 하더라도 공교육 시스템 속의 학교로 존재하는 한 선교보다는 교육을 1차적 기능으로 삼아야 한다. 비록 학생들의 올바른 심성과 가치관을 심어주는 데 도움이 된다고 해도 종교에 관해 학생 스스로 판단해 선택할 수 있는 능력을 기를 수 있도록 하는 데 그쳐야지, 특정종교의 교리를 주입하고 의식을 강요하는 것은 종교단체의 신앙 실행의 자유보다 더 본질적이고 상위의 기본권인 학생의 학습권과 신앙의 자유를 침해하는 것이다"라는 요지의 판결을 내렸다. 종교사학의 관행적 강제 선교가 위법이라는 지극히 상식적인 판결이 나오는 데 수십 년이 걸린 셈이다.

둘째, 실질적인 학교 선택권의 문제다. 종립 중·고등학교가 주장하는 것처럼 1974년부터 시작된 평준화 제도가 문제의 핵심일까? 그러나 종교사학들이 국고지원을 전제로 평준화 제도를 받아들였다면 당연히 '정교분리'의 헌법정신에 의해 특정종교 교육을 할 수 없다는 생각을 했어야 했다. 국민의 세금으로 운영되는 공교육 체제 내에 속하는 한, 사학법인의 건학이념보다 국가의 공교육이 우선시 되어야 함은 상식에 속하는 일이기 때문이다. 그럼에도 불구하고 짐짓 모른 체하면서 학생들의 종교에 대한 배려를 전혀 하지 않았다는 것은 '단 것(돈)은 삼키고 쓴 것(종교적 중립)은 뱉는', 명분 없이 실리만 챙겨온 이중적인 행위로 떳떳하다 할 수 없다. 지금껏 수면 아래 잠겨 있었다는 사실이 이상할 정도다.

평준화 제도 하에서 강제 배정되는 중고등 학생들 문제가 아니라도 입시생들이 대학을 선택하면서 종교문제까지 고려하라는 주문은 무리다. 대학교육의 사립의존도가 85%이고 종교사학의 비율이 1/4 이상인 우리나라 현실에서 특정종교 대학들을 제외하고 선택하라면 타 종교 학생들의 교육선택권은 차별적으로 심히 제한된다. "학교선택권이 실질적으로 확보되지 아니한 한국적 특수상황을 외면한 채, 학생의 입학·재학 관계를 학생과 학교 간 당사자만의 자유로운 의사 합치에 따른 단순한 사법(私法) 상의 계약관계로만 이해해서는 아니 된다"는 어느 헌법학자의 주장에 귀 기울일 필요가 있다.

셋째, 더 본질적인 문제는 '개종의 자유'이다. 본인 스스로 종교사학을 택했거나 입학 시 채플을 받아들였다고 하더라도 살아가면서 가치관이나 신앙은 얼마든지 바뀔 수 있고, 어떤 상황에서도 '사상과 종교의 자유'가 보장되기 위해서는 개종의 자유까지 자유롭게 인정되어야 한다는 것이 헌법정신이기 때문이다. 개종하면 학교를 떠나든지 아니면 채플을 받아들이든지 둘 중에 하나를 선택하라는 강압적인 태도는 종교폭력이라고 할 만하다. 종교 선택의 자유마저 박탈하는, 공산주의 체제 하에서나 있을 법한 일이 공교육 현장에서 버젓이 벌어지고 있는 것이 자유민주국가라는 우리나라의 현실인 것이다.

인권문제는 역지사지(易地思之), 상대방 입장이 되어 보면 간단히 풀린다. 기독교인에게 염불을 하라면 받아들일 수 있겠는가. 학생들이나 학부모들은 어떻게 대처해야 할지 몰라 답답해하다가 결국은 입시와 취업이라는 중대사를 핑계 삼아 마음속 상처만 남긴 채 적당히 타협하고 만다. 상대의 고통도 헤아리지 못하면서 사랑을 말하는 것은 위선이다. 감수성이 예민한 시기의 청소년들이 종교 강요 때문에 '자비와 사랑' 대신 '소외와 차별'을 맛보고, '자유와 소신' 대신 '편견과 굴종'을 익히게 되며, '배려와 관용'보다 '증오와 폭력'을 배우게 하는 것은 짧게 보면 종교계의 이익으로 간주될지 모르지만 길게 보면 종교적으로도 사회적으로도 손실이다.

한편 중·고등학교에서의 강제예배 판결과 달리 대학의 채플에 대해서는 아직 학생인권 차원에서 접근하는 것 같지 않아 답답하다. 1998년 대법원은 대학채플에 대해 "신앙을 가지지 않을 자유를 침해하지 않는 범위 내에서 종교교육 이수를 졸업요건으로 하는 학칙을 제정할 수 있다"고 확정함으로써 인권판결을 기대했던 국민을 실망시켰다. 문제의 핵심은 '신앙을 갖지 않을 자유'가 침해되었는지 아닌지를 법관이 그렇게 쉽게 판단해도 되는가이다. 정신적 폭력의 경우는 성희롱의 경우에서처럼 피해 당사자가 심적으로 피해를 느끼느냐 아니냐가 죄의 유무를 가리는 기준이 되어야 한다고 보는 추세인데, 법원이 '피해라고 느끼는 것이 이상하다'고 예단해 버리는 순간 피해자가 구제될 길은 막혀버리는 것이다.

피해자는 있는데 가해자가 없는 희한한 상황, '고통을 받고 있다'는 사람은 있는데 '그게 고통일 리 없다'는 황당한 판결을 어떻게 받아들여야 할지 난감하다. 법관은 종교학자도 심리학자도 아니다. 그래서 '침해되지 않는 범위 내에서'라고 얼버무림으로써 빠져나갈 구멍을 미리 언급해 놓으면서도, 결론 부분에서는 '채플이 학생들의 신앙을 가지지 아니할 자유를 본질적으로 침해하는 것으로 볼 수 없다'고 과감하게 못질을 하는 바람에 종교사학의 손을 들어준 것으로 해석되었고, 지금까지도 이 판결은 무거운 바위 같이 대학생들의 종교자유를 위한 그 어떤 시도도 무력하게 만드는 장치로 기능하고 있다. 정작 믿었던 사법권력이 약자를 배려하지 않고 학교 등 사회권력의 편에 서게 된다면, 아무런 힘도 없는 학부모나 학생 같은 민초들이 무슨 희망을 갖겠는가. "법원이 국민적 신뢰를 잃는 것은 가진 자에 관대하고 못 가진 자에 냉혹한 법조계 풍토" 때문이라던 어느 전직 대법관의 고백이 새롭게 들린다.

종교로 인한 차별과 불이익은 학생에게만 해당되는 문제가 아니다. 종교사학들이 교원 임용 시 자격조건을 특정종교인으로 제한하는 것은 아무 문제가 없는 것일까. 이 문제 역시 자기 문제나 국민의 권리침해로 생각해 보지 않은 국민들이 대부분이겠지만, 뭔가 불평등하다고 생각했다 해도 '사립학교'라는 불확실한 개념 때문에 애써 잊어버리려 했을지도 모른다. 그러나 그저 관행으로 넘겨버리기엔 대표적인 종교차별이자 인권침해로 이미 위헌시비가 불거질 만큼 중대한 사안으로 대두된 것을 보면 이 문제 역시 수십 년 동안 사회문제화 되지 않은 것이 오히려 의아할 정도다.

우선 사립 중·고등학교를 생각해 보자. 2006년도 교육부 자료에 의하면, 우리나라 사립 중·고등(괄호) 학교 전체 예산 중 정부보조금, 학생부담금, 법인전입금, 기타 기부금 등의 비율은 각각 81.7%(50.6%), 15.7%(45.8%), 1.4%(1.9%), 1.2%(1.7%)로 나타났다. 재단전입금은 불과 2%도 채 안 되며 점점 더 감소하는 추세라고 한다. 특히 교사의 인건비는 전액 국고지원금으로 지급된다고 하니 무늬만 사립학교지 국공립이나 다를 바 없다. 그런데 어떻게 종교계 사립학교에서 특정종교인만을 교사로 채용하는 종교차별을 할 수 있는지 이해할 수 없다.

상당한 국고지원이 있는 한 그것은 명백히 국가의 특정종교 우대이고 따라서 헌법에 명시한 정교분리의 원칙을 정면으로 위배하고 있다고 볼 수 있다.

그렇다면 국고지원이 중·고등학교보다 상대적으로 적은 대학의 경우는 아무 문제가 없는 것일까. 그러나 "성직자 양성 등 특수한 경우를 제외하고 종교적 조건이 교직원 지원자격을 결정하는 절대 조건으로 제시되는 것은 지나친 제한이며 이 같은 채용 관행은 없어져야 한다"는 게 인권전문가들과 헌법학자들의 일반적인 견해이다. 국가인권위원회도 최근에 교수 임용 시 종교차별 문제와 관련 시정 권고 결정을 내려서 주목된다. 이로써 유사한 관행을 갖고 있는 많은 종교사학들이 어떻게 대안을 마련해야 할 지 고심할 수밖에 없는 상황이 되었다.

지방의 한 개신교 사학의 경우를 예로 들어 보자. 2005년 5월 지방의 H대학 조 아무개 교수가 "교수 공개채용 시 지원 자격을 '투철한 기독교 신앙인'으로 제한함으로써 비기독교인이면서 실력 있는 교수 지원자들의 진출 기회를 박탈하고 있는 것은 종교를 이유로 한 고용차별"이라며 진정한 건에 대해, 2008년 1월 인권위가 "해당 대학은 교수 채용 시 응시자격을 기독교인으로 제한하는 관행을 시정하라"고 권고하였다. 인권위는 결정문에서 "대학의 건학이념에 부응하는 자를 교원으로 임용해 학생을 교육하는 것이 인정되고 있다. 그러나 '신앙의 자유'는 그것이 내심에 머무르는 한 원칙적으로 제한할 수 없지만, 행위로 표출되는 경우에는 대외적 행위이기 때문에 종교의 자유나 대학의 자율성이 무제한 보장되는 것은 아니며, 헌법질서와 타인의 기본권을 해하지 아니하는 범위 내에서 행사되어야 한다. 고등교육기관으로서 공공성 및 개별학부, 학과 혹은 교과과정의 내용을 고려하지 않은 채 모든 교수직 채용에서 일률적으로 기독교인인지 여부를 실질적인 채용요건으로 고려하는 것은 타당하다고 하기 어렵다"고 밝혔다. 그 근거로 위에서 언급한 헌법 제11조의 '차별금지', 제20조 '종교의 자유'와 함께 제15조 "모든 국민은 직업선택의 자유를 가진다" 등을 들고 있다.

　H대학은 교수 임용 시 '기독교 정신을 구현하고 지도할 것'이라고 응모자격에 명시하는 한편 세례유무, 세례연도, 신앙관이 포함된 자기소개서 등을 제출하도록 하고 있으며, 실제 교원 178명 중 천주교인 1인을 제외하고는 177명 전원이 개신교인인 점은 순수 종교단체에서나 있을 법한 일로서 상식적으로 이해하기 어렵다. 경제학이나 공학을 가르치는 데 왜 기독교인 교수라야만 하는가. 또 국민의 1/5에도 못 미치는 개신교인 중에서만 교수들을 임용할 때 우수한 학자를 초빙하는 데 한계가 있을 것이 분명하고 그럴 경우 개신교인 교수만을 고집하는 것 자체가 학생들의 '학습권'을 제한하는 결과가 되지 않겠는가. 한마디로 종교단체에 가까운 학교운영이라고 할 수 있으며, 공교육 기관으로서 결정적인 결격사유를 가지고 있다고 봐야 할 것 같다. 교육부의 사립대학 허가 기준과 절차, 그리고 감독의지가 의심스럽다.

　물론 학교 측은 "다른 기독교사학도 교수 대부분이 크리스천인 것으로 알고 있다. 기독교 교육을 목적으로 설립했다고 정관에 명시돼 있는데, (기독교 신앙인이 아닌) 다른 사람이 가르칠 수 있는가"라고 반문함으로써 '정체성'을 내세워 인권위 결정을 수용할 수 없다는 입장이다. 그렇지만 국민 대상의 논리로는 설득력이 떨어진다.

　평등한 사회는 인류가 꿈꾸는 세상이다. 폭력적이거나 강제적인 상황은 아닐지라도 우리 사회에 부당한 차별이 존재한다면 문명사회라고 할 수 없다. 왜 불평등한 대우를 받아야 하는지 이해가 안 되면 서로간의 불신 때문에 세상은 평온할 수가 없기 때문이다. 무엇이 '차별'인가. 간단하다. 다르다는 것이 인정되지 않는 것이다. 즉, '차이 =

불편 또는 불이익'인 사회는 불평등한 사회다. 헌법 제11조에서 밝히고 있는 '평등권'이 공허한 법조문에 불과하다는 느낌을 받을 때가 종종 있는 것은 왜일까. 우리 사회 곳곳에서 인격이나 능력과 무관하게 종교 등을 이유로 알게 모르게 차별과 인권침해가 이루어지고 있기 때문일 것이다.

우리 사회는 급격히 변하고 있다. 다원적 가치를 중시하는 세계화·감성의 시대에 필요한 글로벌 인재를 양성하기 위해 특정종교의 강제교육이나 특정종교인 교직원 채용이 왜 필요한지, 아니 헌법상 가능한 일인지 처음부터 다시 검토해 봐야 한다. 이제 해방 이후 한 번도 따져보지 않은, 종교 자유권과 맞물린 종교 교육권에 대해 종교사학 스스로 결자해지의 심정으로 국민적 공론화 과정을 거쳐 헌법정신에 부합하도록 재정립할 시점이다.

사립학교법은 또 어떤가. 민주적이고 투명한 학교운영을 위해 1/4 이상의 개방형 이사를 두자는 개정 사립학교법을 종교사학의 75%를 차지하는 보수 개신교계가 극렬하게 반대하고 나서서 결국 후퇴시켰다. 폐쇄적인 사학에 조그만 창문 하나 내자는 게 그리도 질겁할 일인가. 우리나라의 사립학교는 고등학교의 절반, 대학교의 85% 이상을 차지한다. 세계적으로 사립학교 비중이 높다는 미국이나 영국도 10%가 되지 않으며, 우리나라 다음으로 높은 일본도 20%가 안 된다는 사실을 생각할 때 가히 기형적으로 비대하며 정부가 눈치를 볼 만한 구조다. 교육 관련 이해집단 간 종교–학교–교육부–언론–한나라당이란 소위 '사학커넥션'이 건강한 공교육을 원하는 국민을 절망하게 만드는 배경이다. 사립학교법 재개정을 주장하는 목사들의 삭발에 한나라당 원내 부대표 3명도 덩달아 삭발했다. 의정사상 초유의 의원들의 과격한 몸짓은 국민들에게는 오히려 생경한 장면이었다.

7. 종교권력을 경계한다

1945년 미군정 시절부터 특혜를 받으며 성장한 기독교는 이제 그 정체성을 재점검해야 할 시점에 와 있는 듯하다. 일제강점기에 있었던 '종교단체법'이 폐지된 후 국가가 종교를 간섭하면 안 된다는 명분으로 대체입법이 이루어지지 않은 것이 종교의 권력화를 허용하게 된 비극적인 단초라는 주장에 일리가 있다는 생각이다. 또 미군정 초기 김성수·유억겸·오천석·백낙준·김활란 등 친미 유학파 5인방이 대한민국의 교육과 종교 관련 정책을 주도하게 되면서, 미션스쿨은 종교를 강요하고 공직사회는 종교와 밀착하며 성직자들은 세금 한 푼 내지 않는 등 무소불위의 초법적 관행이 뿌리내리게 되었다. 한국 기독교가 잘못 이식된 근본주의로 인한 배타성과 공격성을 배경으로 패거리문화에 길들여지더니 그 기득권을 지키기 위해 결국 권력화로 이어지고 있어, 발표자의 표현처럼 그야말로 '빛과 소금'이 아니라 '공공의 적'이 된 듯한 느낌이다. 불교 등 전통종교에 비해 절대적으로 큰 특혜 속에 성장한 기독교는 불공정한 게임에서의 승자처럼 겸허하게 사회책임을 다함으로써 사회적 공신력을 회복해야 한다.

우리나라 같이 남북·지역·이념·계층·세대·빈부·남녀 등 각종 갈등구조가 중층으로 복잡하게 얽혀 있는 사회에서 잠재적 폭발 가능성이 많은 종교 갈등을 미리 예방하는 노력은 필수적이다. 자유권·평등권·행복권 등의 시민권이 확대되는 추세인 현대사회에서 종교가 다르다는 이유만으로 소외감·불쾌감을 느끼게 하거나 심지어는 불이익까지 당하게 하는 독선적인 관행이나 '종교패거리문화'는 건강한 사회발전의 가장 큰 장애로 지양되어야 마땅하다. 지난 수십 년 동안 우리 사회의 더 큰 과제들, 예컨대 경제성장·민주화·투명성·평등과 같은 시급한 문제들에 몰두해 온 사이 종교권력과 그로 인해 관행으로 굳어진 반민주적이고 불평등한 사안들에 대해 이제 새롭게 살펴보기 시작해야 한다.

"교회가 정치에 참여하려면, 그것은 권력을 향한 질주가 아니라 오히려 권력에서 소외된 이들을 향한 섬김의 활동이 되어야 한다"는 한 일간지 기자의 호소가 가슴에 와 닿는다. 물론 종교의 정치참여를 반드시 부정적으로만 볼 수는 없다. 고난의 민주화운동 시절 침묵으로 일관하며 정교분리를 고집했던 보수 기독교가 그랬던 것처럼 정교분리의 지나친 이분법적 해석은 오히려 사회파괴를 묵인하는 결과를 초래할 수도 있기 때문이다. '화려한 권력의 보좌를 쟁취'하기 위한 것이 아니라 '인간의 눈물과 한탄에 귀 기울이는 일'이라면 종교의 최소한의 정치행위는 인정될 수 있다는 것이다.

발표자도 지적했듯이 "다양한 모습으로 끊임없이 변신하면서 자기 자신을 무한 증식해 가는 종교권력"일 뿐이라면 우려하지 않을 수 없다. 개신교가 지금까지처럼 종교 정치인과 왜곡된 관행이나 제도를 이용한 간접적인 권력행사에 머무르지 않고 직접 정당을 만들어 권력쟁취에 뛰어드는 현실을 보면 더욱 그렇다. 종교가 약자를 보듬기는커녕 오히려 종교 간 갈등을 부추기고 인권침해와 종교적 소외와 차별을 가속화함으로써 사회통합의 지렛대가 아니라 걸림돌이 될 것이기 때문이다. 종교패권주의에 앞장선 사람들은 김준곤·조용기·이만신·최수환·최성규·전광훈·장경동 등 대표적인 보수 개신교의 목사들이다. 개신교가 통일교의 세계일보에 맞서 국민일보를 만들었듯이, 2008년 총선에서 전국 245곳 전역에 지역구 후보를 낸 통일교의 '평화통일가정당'에 대항하여 '신본주의와 신정국가'를 강령으로 내세운 '기독사랑실천당'을 창당, 본격적인 정치권력 확보에 나서는 모습을 보는 국민의 마음은 착잡하다. 개신교는 개신교인들조차 84% 이상 부정적이었던 2004년 4.15 총선 때도 '한국기독당'이란 이름으로 선거판에 뛰어들어 지역구 후보 9인 모두 참패했을 뿐만 아니라 정당투표도 1.1.%에 그쳐 정당 자체가 해체되었던 경험이 있다. 그러나 개신교의 정치권력화 행보는 그칠 것 같지 않으며, 과도한 종교권력 경쟁은 필연적으로 불교, 천주교 등 다른 종교계를 자극하게 되어 정치와 종교가 혼탁하게 뒤섞이는 사회혼란을 초래하고 종교 간 긴장과 골은 더욱 깊게 고착화 될 것이 우려된다. 게다가 권력의 속성 상 돈과 부패가 함께 연계될 경우 종교계 전체가 사회적 불신과 국민의 지탄을 면치 못하게 되어 종교의 순기능마저 위축되는 예상치 못한 결과로 이어지지 않으리라는 보장이 없다. 시국대회 강행과 교회 재정 비공개 등 정교분리의 원칙을 자기 구미에 맞게 이용하는 현재의 이중적인 모습보다, 오히려 개신교 정당이 결성돼 어쩔 수 없이 공적인 책임감이 부각되도록 하는 편이 더 낫지 않겠느냐는 일부의 시각도 없지 않으나, 첫 단추 잘못 끼우면 모든 것이 틀어진다는 점을 고려하여 신중을 기해야 할 것이다.

이러한 우려를 종식시키기 위해서 "모든 권력관계의 자발적 포기로 '힘의 논리'가 아니라 '섬김의 논리'로써 종교권력의 해체 작업을 시작해야 한다"는 발표자의 주장에 전적으로 동의한다. 다만, 외부의 감시와 비판 없이 기독교계 내부에서 누가 어떻게 기독교 권력을 해체할 수 있을지, 과연 그 '힘'과 '논리'가 먹혀들지 궁금하다. 국민의 성숙한 시민의식과 함께 정치와 종교 양축의 건강한 견제와 상호보완적 역할이 새삼 강조되는 이유다.

정치란 국민을 이(利)롭게, 편안(安)하게, 바르게(正) 하는 것이라 했다. 특히 사회지도층의 공사(公私) 분별력과 종교 중립성 못지않게 종교지도자의 정치 중립성은 사회 안정에 무엇보다 중요한 덕목이다. 기독교가 교회의 힘을 이용하려는 정치권력에 중독돼 온 측면도 없지는 않지만, 최근 기독교 스스로 권력화에 돌진하는 현상을 보며 "'짱'을 꿈꾸는 '짝퉁'의 시대"라는 어느 칼럼의 제목이 연상되는 것은 무엇 때문일까. 종교 의존적인 권력은 이미 권력이 아니다. 권력화된 종교 또한 위험하며 그 사회적 폐해가 크다. 인간과 사회를 구원해야 할 종교가 오히려 개혁과 구원의 대상이 되지 않았는가라는 느낌이 든다면, 종교과잉과 종교권력을 과감히 거부해야 한다. 종교로부터 자유로운 세상을 살고 싶은 대다수 국민의 꿈을 위해, 이제까지 종교로 세상을 말해 왔지만 이제는 세상으로 종교를 말해야 할 시점인 것이다.

제3부
종교권력과 사회개혁

3부 차례

5. 종교권력과 사회개혁-기독교의 입장에서 : 박종화 목사(경동교회)
   Ⅰ. '개혁'의 주체와 대상
   Ⅱ. '종교권력'의 한 실체인 개신교-한국 상황과의 접맥
   Ⅲ. 결론

6. 한 불교인의 사례를 통한 자기반성 : 진월 스님(동국대학교, 한국종교연합 대표)
   Ⅰ. 상식적 전제
   Ⅱ. 보편적 불교인의 권력 인식
   Ⅲ. 한국 불교계의 경우
   Ⅳ. 결론

※ 제3부는 지난 2003년도 한국기독자교수협의회와 새길기독사회문화원이 공동주최한 학술대회 "종교권력과 사회개혁"에 발표된 글 자운데 가려 뽑아 실었다.

5. 종교권력과 사회개혁
― 기독교의 입장에서

박종화 목사
(경동교회 담임목사)

I. 「개혁」의 주체와 대상

  1.1 논란의 여지를 사전에 피하기 위하여 "기독교" 입장이란 기독교 안의 "개신교" 입장임을 밝힌다. 개신교라 이름하는 기독교의 역사적 출발점은 종교개혁(Reformation)에 있다.

  종교개혁에서 출발한 기독교는 그 이전의 중세기적 기독교 곧 "천주교"와의 「단절과 지속」을 동시에 포괄한다. 이 두 가지 모습을 교회의 실체와 관련하여 가장 적절하게 표현한 사람은 종교 개혁자 칼빈이라 할 수 있겠다.

  칼빈은 종교개혁의 교회를 "개혁된 교회"(ecclesia reformata)라 했다. 중세의 천주교적 기독교와의 「단절」을 선언한 셈이다. 이런 경우 교회 자체 내에서 볼 때 종교개혁의 교회는 스스로 개혁의 주체임을 천명한다. 하지만 천주교는 종교개혁운동의 도전에 대한 응전으로 "반종교

개혁"(Counter-Reformation) 운동을 펼친다. 그것은 천주교 체제의 손상이나 붕괴를 막아주는 보호막이면서 동시에 자기 보호와 상승적 발전을 위해 스스로의 개혁을 단행한다. 이런 경우는 형식은 다르나 개혁의 주체로서의 교회임을 천명한 셈이다.

개신교적 기독교와 천주교적 기독교가 도전의 방식으로 또는 응전의 방식으로 「개혁」을 주도했을 때, 개혁의 대상은 바로 자기 자신이었다. 달리 표현하면 "권력체로서의 교회" 또는 "종교권력"이었던 자신을 개혁한 셈이다. 위로부터 지배하는 지배권력적 실체의 개혁이다.

문제는 바로 여기에 있다. 지배권력 체제가 개혁되면 아래로부터 섬기고 봉사하고 섬김의 공동체가 결과로 등장했는가의 문제이다. 이 문제를 뒤에서 살펴볼 것이다.

1.2 칼빈의 두 번째 교회관련 종교개혁 테제는 이러하다. 교회는 "항상 스스로를 개혁해야 하는 교회"(ecclesia semper reformanda)라는 입장이다. 교회의 참모습이 바로 항상 개혁의 실천에 있다고 한다. 이것은 바로 교회자체의 실존적 「지속」의 근간이다. 역사적 상황에 걸맞은 사회적 구성체로서의 교회는 그 자체로서 존립근거가 있는 것이 아니다. 항상 오고 있는 하나님의 나라의 표징으로 존재하도록 부름 받고 보냄 받은 만큼 하나님 나라의 빛에서 스스로를 개혁해야할 의무가 있다. 달리 표현하면 "세상에 있으나 세상에 속하지 않은 실체"(요한복음 15:19 ; 16:28)라 이름하는 종말적 공동체인 때문이다. 개혁의 주체일 수 있었던 교회는 동시에 개혁의 대상이 된다. 잊지 말아야 할 사실이 하나 있다.

개혁의 주체인 교회와 개혁의 대상인 교회가 별도로 분리되어 존재하는 것이 아니라, 둘이 똑같은 하나의 교회라는 점이다. 그것은 교회가 세상에 보냄 받은 데서 형성된 사회적·역사적 실체임과 동시에 사회·역사의 틀을 넘어서 실존하는 종말적 실체인 때문이다.

1.3 지금까지 교회 자체의 개혁을 주안점으로 삼아왔다. 그렇다면 사회개혁의 문제는 어떻게 되는가. 사회 역시 개혁의 주체요 대상일 수 있다. 문제는 사회개혁에 대한 교회의 입장과 역할이 어떤 것이냐는 것이다. 그것은 근본적으로 교회와 세계와의 관계에서 규명할 일이다. 복잡하고 다양한 관계이론을 잠시 뒤로 미루고, 교회와 세계의 관계를 다음과 같이 설명할 수 있으리라고 본다. 교회는 세계 속에 성육신한다. 그리고 세계 속에 세계의 한 부분으로 내재한다. 동시에 교회는 세계를 뛰어넘어 세계를 초월하는 방식으로 실존한다.

교회는 그리스도의 몸으로 존재한다. 그리스도가 성육신함으로써 그리스도는 하나님의 내재를 체화(immanence)한다. 교회 역시 마찬가지이다. 그리스도의 세계내재가 현실안주적 흡수가 아니라 세계변화를 일으키는 개혁적 참여이듯이, 교회의 세계 참여 역시 같은 모습이어야 한다. 동시에 개혁적 참여는 현실세계의 가치와 틀을 뛰어넘는 초월성(transcendence)의 성격을 띤다.

이것은 그리스도 안에 체화된 하나님의 나라가 "이미 성취된"(already) 모습이면서 동시에 "아직은 미완의"(not yet) 나라인 것과 마찬가지이다. 전자를 종말적 하나님 나라의 역사화라 한다면 후자는 역사적 실체의 종말화라 이름할 수 있으리라 본다. 교회의 역사적·사회적 실체와 종말적 정체성이라는 두 측면은 같은 등속일 것이다.

II. 「종교권력」의 한 실체인 개신교-한국 상황과의 접맥

2.1 개신교적 기독교가 하나의 종교 공동체로서 지니고 있는 힘은 사회적 실체로서 물리적 힘과 종교적인 영적 힘을 합한 말일 것이다. 물리적 힘을 편의상 세 가지 차원에서 살펴보겠다.

2.1-1 첫째는 정치적 힘일 것이다. 기독교 역사상 교회가 지닌 정치적 힘은 국가와 교회의 상관관계에 따라 성격을 달리했다. 예컨대 중세기독교의 정치적 힘은 교황권을 우위로 하는 국교형태의(state church) 것이었다. 이와 관련하여 종교개혁은 다른 형태의 정치적 힘의 구조를 탄생시켰다고 본다. 먼저 국교형태는 유지하되 왕권이 교회의 명목적 내지 실질적 수장으로 군림하는 형태로의 변형이다. 영국의 성공회가 그 하나일 것이고, 개신교에 속하는 스웨덴이나 덴마크의 국교가 다른 하나일 것이다. 그런가 하면 독일의 경우처럼 국교형태를 포기한 대신 상호계약에 의해 상호협력과 연대를 모색한 "국민교회"(Volkskirche)가 있다.

그리고 미국을 비롯한 여타지역이 채택하고 있는 "정교분리" 원칙에 입각한 자발적 자유교회의 모습이 있다. 이런 경우의 기독교는 일종의 공인된 특별 NGO의 형태를 띤다. 그런가 하면 기독교가 정치권력으로부터 탄압과 핍박의 대상으로 고난 받는 공동체인 경우도 허다한 실정이다.

종교권력의 측면에서 볼 때 국교형태의 기독교는 성격상 지배권력의 공통담지자라는 위상 때문에-자체 개혁의 필요성이 공감대로 부상하지 않을 경우-기존권력과 체제 또는 지배문화를 종교적으로 정당화하면서 대변하는 일종의 "정치종교"(political religion)로 빠져들 위험성이 높을 것이다. 「국민교회」 형태의 경우도 그럴만한 위험성을 구조상 내포하고 있다. 독일의 나치시대 기독교 모습이 극단적인 실례에 속할 것이다. 하지만 정반대로 국교나 국민교회 형태의 경우 국가의 정치형태와 가치관을 기독교적 바탕에 둠으로써 일종의 기독교 문화 내지 기독교 문명의 모습을 띠기도 한다. 예컨대 국교 내지 국민교회 형태의 서구국가들이 적어도 외부사회에 비쳐진 대로라면 상대적으로 우월한 자유·민주국가와 사회의 모습을 띠고 있음을 간과할 수 없다고 본다.

탄압과 핍박의 대상으로 고난 받는 교회들의 현실에서는 「종교권력」의 문제가 한낱 사치의 언어일 수밖에 없지만, 여타의 자발적 자유교회 형태의 경우에는 제도적 틀의 강요에 의해서가 아니라 스스로 부정적 의미의 정치·종교적 모습을 띠어 정치적 특권과 보호를 받거나 또는 정치 비판적 종교의 모습을 띠게 됨으로써 탄압과 고난의 길을 택하는 역사를 엿볼 수 있다.

한국개신교의 상황을 살펴보자. 한국의 개신교는 분명히 정교분리에 입각한 자발적 자유교회의 형태를 지니고 있다. 적어도 90년대 이후 이 땅에 기본적인 민주주의 질서가 단계적으로나마 착근하기 시작했지만, 그 이전까지의 해방 후 남한사회의 정치권력은 구조상 그리고 성격상 반민주적인 독재체제일 뿐만 아니라 분단 상황을 최대한 이용한 반공이념까지 보태어진 지극히 비정상적인 형태이었음을 모두가 공감하고 있다. 이런 상황에서 한국기독교는 크게 보아 정치 종교적인 체제옹호와 정치 비판적인 반체제 운동으로 내적 갈등을 심각하게 겪어 왔다. 여기에 분단 상황과 한국전쟁이 가져다준 반공주의가 가세되면서 소위 보수와 진보의 갈등이 이념의 차원으로까지 첨예화되어 왔고, 기독교는 여기에 첨병 역할을 해오기도 했었다. 오늘의 시점에서, 다시 말해서 사회적 민주화가 상당 수준 실현된 시점에서, 지나간 시절의 기독교 역할과 위상을 겸손히 반성해 보고 새로운 미래를 개척해갈 필요가 절실하다. 부정적 의미의 "정치종교"적 위상을 다시는 반복해서는 안 된다.

진보와 보수의 생산적 논쟁과 대결은 필요하다. 하지만 한국기독교는 현재와 미래에서 정치적으로 「자유-민주」라는 공감대 위에서 보수와 진보의 협력적 대결의 틀을 다시 짜야 한다고 본다. 이를 "열린 보수"와 "합리적 진보"의 협력적 대결의 틀로 짜면 좋을 것이다.

그리고 쌍방의 긍정적 결합 못지않게 부정적 요인들을 정확히 인식하고 명확하게 선을 그을 수 있어야 한다고 본다. 쌍방의 극단주의를 극복하자는 말이다. 열림이 없는 보수는 위험천만한 "수구"일 것이고, 합리성이 결여된 진보는 현실을 망각한 "허구"일 수 있다. 수구와 허구는 배제해야할 극단주의의 모습일 것이다. 사회개혁의 주체의 일원으로 자부하는 교회는 먼저 정치적, 신학적 수구와 허구를 극복하면서(=초월) 열린 보수와 합리적 진보의 상승적 대결과 협력을 모색하는 데서(=내재) 새로운 활로를 모색해야 하리라고 본다.

2.1-2 종교권력이 갖는 물리적 힘의 두 번째 요소는 경제적 힘일 것이다.

국교나 국민교회의 경우 경제적 힘의 원천은 국가가 법으로 제정하여 실현하고 있는 "종교세"(Church tax)라 이름하는 조세혜택에 있다. 일종의 강요된 헌금이며, 독일의 경우 소득세액의 8~9%를 추가로 세

무서에서 원천징수하고 있다.

자율적인 자유교회의 경우—한국 교회도 이 범주에 속한다—조세혜택의 수혜자는 아니다. 하지만 자발적 결단에 따른 십일조나 감사헌금의 형태로 조세혜택에 버금가는 경제적 힘을 축적하고 있음은 부인할 수 없다. 다만 헌금의 경우 개인적으로 복을 받기 위해 반대급부로 받치라는 일종의 기복사상에 따른 헌금은 차라리 조세제도에 의한 헌금보다 자랑할 것이 못된다. 적어도 헌금은 베푸신 하나님의 은혜에 대한 감사와 함께 나누어 쓸 공동체적 헌신의 결과이어야 하기 때문이다. 교회 재정능력으로 보아 세계의 자발적 자유교회 가운데 상위권에 속하는 한국기독교가 국내는 물론 세계의 빈곤한 형제자매들에게 베푸는 봉사의 폭과 깊이가 너무도 미약한 현실을 직시해야 한다. 차라리 조세혜택의 기독교는 헌금액수의 투명성과 공개성 때문에라도 세계구호와 봉사의 양과 질이 엄청난 것을 보면서 기복적 신앙열정을 신자됨의 자랑거리로 삼는 우리의 "성장신앙"은 오히려 부끄럽기 짝이 없다는 생각이다. 여기서 개혁의 과제는 받은 은혜를 어떻게 이웃과 더불어 나눌 수 있느냐의 내적 결단과 더불어 유용한 봉사의 틀을 만들어 내는데 있다고 본다.

또 한 가지 개혁과제가 있다. 기독교의 사회적 형태가 어떠하든 공통점이 있다. 그것은 곧 기독교 공동체가 법적으로 비영리 법인에 해당함으로 많은 부분에 있어서 감세 또는 면세 혜택을 누리고 있다는 점이다. 한국기독교의 경우도 마찬가지이다. NGO이면서 동시에 NPO인 셈이다. 예컨대 일반신도의 경우 교회에 바친 헌금 증명서를 세금 연말정산에 포함시켜 세제상의 혜택을 받을 수 있다. 그 외에도 교회가 벌리는 "비영리사업"에 대한 혜택도 많다. 그런데 문제는 교역자들의 봉급 내지 사례비에 대한 세금은 오리무중이다.

한국 종교 집단들의 상황을 고려할 때 일괄적 세금징수가 난항 일 수 있다고 해도, 사례를 받는 교역자의 소득은(최소한 기본봉급) 자발적으로 신고하여 조세의 대상이 되게 해야 한다고 믿는다. 일반 평신도의 헌금액수가 세금정산에 포함되고 교회의 각종 사업과 활동이 "비영리 사업체"의 범주에 들어 세제상 이득을 보면서 교역자 사례비만 세상 돈이 아니고 "하나님의 거룩한 돈"이라는 명목으로 세금을 내지 않는 것은 현대판 바리새주의 곧 바리새적인 불의한 "자기의"라고 생각한다. 분명히 개혁의 대상이다.

2.1-3 마지막으로 물리적 힘의 원천은 사람이다. 교인수라는 말이다. 이처럼 동원되지 않는, 자율적 결단에 의해, 시간과 재물을 바쳐 가면서, 몸과 마음을 바쳐 이루어 가는 공동체인 교회는 특이한 공동체이다. 물론 "사람들의 모임" 자체가 성령의 힘의 구체적인 표현이다. 영적 힘 그 자체라 할 수 있다.

세계 어느 나라 교회와도 비교할 수 없을 만큼 한국 교회의 수적 성장은 그 정도와 속도가 엄청난 게 사실이다. 70~80년대의 교인 수 성장은 세계 교회 사상 그 유례가 없다. 그런데 90년대 중반에 접어들면서 이 성장은 이미 멈추었거나 오히려 감소추세로 돌아가고 있다는 분석이다. 성장 때의 기고만장만큼 성장 멈춤의 고뇌도 클 수밖에 없을 것이다.

여기서 한 가지 심각하게 고려해야할 요인이 있다. 교회 성장은 하나님의 은혜이다. 동시에 인간의 응답적 노력이 보태진 결과이다. 인간의 응답적 노력은 사회 환경의 변화와 그 맥을 같이 한다. 한국사회와 한국 교회의 성장-발전-위기의 곡선은 정비례 관계에 있다고 본다. 급격한 산업화와 도시화 과정, 농어촌 인구의 도시 집중화, 물량적 거대 성장과 함께 반대급부로 불어 닥친 정신적 고뇌와 불안, 이 모든 상황변화와 교회의 거대한 양적 성장은 상관관계에 있다. 교회가 교인들을 끌어들일 만큼 흡입력(pull factor)이 강한 이유보다는 급변하는 사회가 인간군상을 교회로 몰아 붙였다는 점(push factor)이 더 큰 이유일 것이다. 그리고 한국 교회의 수적 성장과 한국경제의 물량적 성장이 비슷한 양상을 띠게 되었다고 본다. 하지만 한국경제의 거품이 빠지면서 IMF관리체제라는 엄청난 위기를 겪은 시기와 한국 교회의 양적 성장이 둔화 내지 중단된 시기는 동일하다. 똑같은 위기에 놓여 있다는 말이다. 물론 교인들이 직장과 주택을 옮기면서 여러 교회에 번갈아 등록하고 또 지나간 등록부가 고스란히 살아있기 때문에 교인 수 총계가 실제 이상으로 너무 부풀어 있는 것도 양적 성장의 통계상 문제점이다. 그러나 그보다는 더더욱 오늘날 경제계는 뼈를 깎는 구조조정과 의식구조개혁을 통해 경제적 내실과 삶의 질 향상에 전력하고 있다는 데 비하여 한국 교회의 신앙생활의 내실화와 건실한 생활신앙을 위한 노력은 너무도 미약하다. 숫자의 많고 적음도 판단의 한 기준일 수 있으나, 더욱 중요한 기준은 많고 적은 한 사람 한 사람의 진정한 신자됨 여부일 것이다. 부실기업의 당연한 퇴출 못지않게 부실교회의 퇴출도 뼈아픈 현실로 닥쳐오고 있다.

교회의 사회개혁과 함께 자기개혁의 과제는 먼저 교인들의 숫자(membership)보다는 교인된 자들의 진정한 제자됨(discipleship)의 구현에 앞장서야 한다고 본다. 예컨대 오늘날 시민사회의 역할과 공헌은 과거 어느 때보다도 크고 막중하다. 교회는 물적 자원과 인적자원을 교회가 함께 공감하며 연대할 수 있는 다양한 시민사회에 적극 공여함으로 새 시대의 선교전선에 간접적 방법이긴 하지만 효율적으로 나설 수 있을 것이다. 교회들이 모여서 스스로 시민사회 역할의 전위대로 직접 나설 수도 있을 것이다. 외국인 노동자들을 위한 의료봉사센터 봉사(예 : 경동교회의 선한이웃클리닉)도 그 한 실례가 될 것이다.

III. 결론

종교권력의 형태는 역사적으로 다양한 모습을 띠어 왔다. 한국 개신교의 권력(=힘)도 한국적 상황의 변화와 밀접한 관계를 이루어 왔다. 문제는 "권력"의 쓰임새가 구체적으로 하나님 나라의 질적 심화와 양적확장을 위한 도구로 쓰일 수 있느냐일 것이다. 그것이 바로 우리가 추구하는 개혁의 기초요 방향일 것이다.

힘이 없으면 개혁은 불가능하다. 개혁이 중단되면 힘은 빠진다. 십자가는 힘없는 곳(=십자가)에서 일으킨 또 다른 거대한 힘(=부활)의 공간이다. 한국 기독교는 골고다의 언덕보다도 힘 있는 곳-이곳에서는 보다 큰 힘으로 "새 하늘과 새 땅"이 발돋움할 수 있어야 한다.

항상 "개혁" 속에 부활의 경험이 "힘 있게" 살아나게 해야 한다.

6. 한 불교인의 사례를 통한 자기반성

진월 스님
(동국대학교, 한국종교연합 대표)

I. 상식적 전제

종교란 성스러움(聖)과 궁극적 가치 및 의미를 추구하는 이들의 관심사로서 그 반대는 속스러움(俗)과 상황적인 가치 및 이해관계에 얽매인 이들의 추구라고 할 수 있다. 종교인의 한 특징은 탈속(脫俗)을 지향함에 있고 특히 수도자는 그 의지를 삶으로 살아내는 이들이라고 본다. 종교인은 개인의 종교적 이상을 지향함과 아울러 이웃과 사회의 종교적 가치실현에도 관심을 갖고 노력한다. 권력이란 세속인들이 추구하는 바로서, 정치나 혹은 행정의 영역과 주로 관련지어지는 바, 권력을 획득하고 행사하는 권력자는 그 힘의 원천이며 그를 위임한 사회 시민을 존중하고 봉사해야 하지만, 반대로 시민을 무시하거나 억압하는 오만 방자하고 타락 부패할 속성을 갖고 있고, 실제로 역사는 그러한 사례를 보여주고 있다. 권력이 선거에 따라 합법적으로 주어지는 상례이나, 더러는 정상적인 과정과 방법을 통하지 않고 부정하고 비합법적인 탈취나 강점으로 말미암아 그 정상회복을 요구하는 대중의 반대와 부당한 권력행사를 저지하려는 여론과 시위가 일어나고 사회적 긴장과 갈등 및 폭력적 사태가 발생되는 경우를 볼 수 있다. 올바른 종교인 특히 수도자는 세속적 정치와 권력을 꺼리고 피하려 한다. 수도자에게 권력은 종교적 가치를 추구하는 수행생활을 포기하게 만들거나 방해하는 유혹과 장애가 되기 때문이다.

종교는 국리민복과 사회정의 차원에서 부당한 권력을 비판하고 견제하며 올바르게 행사되도록 일깨우고 지도할 역할과 사명을 자부하기도 하고 사회 대중으로부터 기대되기도 한다. 반면, 종교가 권력과 영합하거나 유착되던지 혹은 지배당하여 그 본래의 사명을 저버림은 종교의 타락이요 수치이다. 나아가 종교가 권력화되어 주어진 기능을 역행하게 되면 그 폐해와 영향이 심대할 것이 자명하다. 이는 종교의 세속화이며 사이비로 전락하는 것이다.

사회개혁은 보다 나은 사회를 위한 끊임없이 시도해야 할 것으로, 사회 유지와 운용의 힘인 권력은 항상 개혁의 주체일 수도 있고 동시에 대상이 되기도 한다. 종교는 개혁의 대상을 지적하고 비판하며 혁신의 대안을 제시하여야 할 입장에 있다. 만약 종교가 개혁의 대상이 될 권력을 비판하지 못하거나 심지어 개혁의 대상으로 전락된다면 그 사회는 심각한 병을 앓게 되고 그 치료가 제때에 제대로 이루어지지 않으면 그 사회는 망하게 될 줄 안다.

오늘날 종교인이나 지식인들이 "종교권력과 사회개혁"이란 주제에 대하여 담론하게 된 현실은 종교가 권력화되어 있거나 되어가고 있는 상황이며, 사회개혁을 지도하고 실천하는 입장이 아니라 사회개혁의 장애요인이 되거나 개혁의 대상이 되는 우려를 자아내며, 방치할 수 없는 수준에 이른 위기의식을 보여주고 있다고 할 수 있다. 건강한 사회를 만들어가기 위하여 종교인들이 자기개혁을 위한 반성과 자가 진단 및 치유방안을 모색할 계제임을 느낀다.

여러 종교가 공존하고 있는 한국사회에서 각 종교마다 사회상황에 대한 문제의식과 표현방식이 다를 수 있겠는데, 필자는 불교 수도자의 관점에서 불교계의 사례를 통하여 주어진 주제에 대한 소회를 적어 담론의 실마리를 제공해 보고자 한다.

II. 보편적 불교인의 권력 인식

우리의 역사적 관점에서 보면, 불교인이란 석존의 가르침을 따르고 그분의 삶을 모범으로 삼아 궁극적으로 성불하려는 이들이라고 말할 수 있다. 석존의 일생 가운데서 출가수도 이전, 즉 싯다르타의 종교적 성찰과 결심의 상황을 유추해 보면, 수도자는 생사문제의 근본적 해결을 추구하면서 세속권력의 한계를 느껴 그를 버리고 마침내 출가수도하게 됨을 알 수 있다.

싯다르타는 왕자로 태어나 왕궁의 부유한 주거시설에서 호의호식하며 당대의 미녀 야소다라 공주와 결혼하여 아들 라훌라를 얻었고, 장차 왕위와 재산을 유산으로 물려받을 수 있는 위치에 있었다. 그러나 세속인들이 선망하는 바인 주어진 권력과 유산 및 가족까지 버리고 출가수도를 결행하게 된다. 오늘날의 불교인들은 저렇게 석존이 보여준 세속적 권력에 대한 처신의 모범을 어떻게 인식하고 자기의 생활 속에 구현시킬 것인가?

역사를 통해 불교인으로서 대표적 통치자로는 인도의 아소카 대왕을 들 수 있다. 그는 절대권력을 행사할 수 있는 제왕으로서 불교의 정법이념을 통치철학으로 삼았다. 자신은 재가신도였지만 그의 자녀들 이를테면, 아들 마힌다 등을 출가시켜 스리랑카에 불법을 전하게 했던 사실처럼 각자의 신분과 역할에 따라 상황에 맞는 불교인의 도리를 다하고자 한 선례가 된다. 세속 권력자가 자신의 종교적 신념대로 통치권을 행사한 것이지만, 그로부터 권력의 중생을 위한 바람직한 행사와 아울러 종교의 영향력을 어떠한지 짐작할 수 있다.

근래의 티베트인 통치자는 달라이라마로서 그는 종교적 최고지도자일 뿐만 아니라 일반 사회적으로는 정치 행정의 지도자이다. 현재의 달라이라마는 제14대로서 그는 승왕이면서 국제적으로는 비록 망명정부일망정 티베트를 대표하는 국가원수로 인정받고 예우되고 있다. 그는 종교적 권력과 동시에 세속적 권력의 정점에 위치한 특수한 입장에 있다. 그는 늘 "나는 하나의 비구(출가한 독신 수행승) 이상도 이하도 아니다"라고 말한다. 중국에 조국이 침탈당했어도 비폭력적 불교정신으로 그들과 평화적으로 해결하려함에 노벨 평화상이 주어졌다. 그는 권력을 봉사의 도구로 알고 겸손과 자비의 화신처럼 살아가는 우리시대의 불교적 성현이라고 할 수 있다.

태국과 미얀마 및 스리랑카는 테라바다(상좌부) 전통의 불교국가로서 이들 국가의 최고위 스님들은 그곳의 국왕과 대통령 및 총리의 존경과 귀의를 받고 국정을 자문 지도하고 있다. 과거 한국사에서 보이는 왕사 국사의 역할을 하는 것으로 볼 수 있지만, 제왕이 선택적으로 임명하여서가 아니라 교단 내부의 추대로 최고지도자가 된 스님을 국가권력이 존중하고 공경함이 다를 것이다. 스리랑카의 경우 정부조직에 불교부가 있어 불교가 실질적으로 국교와 같은 위상을 보이며 승가를 중심으로 교단과 협조하여 국가적 지도력을 발휘하고 승가의 권위를 존중하여 사회적 영향을 끼치고 있다.

캄보디아와 라오스 및 부탄도 불교가 준국교적 위상을 갖고 있다. 동아시아의 경우 중국사는 수, 당, 송, 원 시대에 불교가 지배적으로 흥성했고 대부분의 제왕들이 불교를 보호하며 상호 영향을 주고받았고, 최근의 중국 사정을 보면 과거 공산정권의 억압이 풀림과 동시에 불교의 부흥을 보여주고 있는데, 사찰 등 불교시설의 복원은 물론, 정치 분야에서도 중국불교협의회 부회장 스님을 비롯한 몇몇 스님들이 중국의회의 의원으로 피선되어 국가권력의 운용에 참여하고 있음을 볼 수 있다. 일본은 6세기에 불교가 도입된 이래 근세까지 국교와 같은 위상을 유지해 왔고, 현재에도 신도와 아울러 종교계의 주류를 이루고 있다. 이는 사회 문화적 분야에서뿐만 아니라, 정치권에도 대세인 줄 안다. 법화경과 관련된 일련종 분파의 하나로 신흥불교 조직인 창가학회는 정당으로서 공명당을 만들어 불교적인 이념으로 정권적 차원에서 사회변화를 시도하고 있음도 주목된다.

III. 한국 불교계의 경우

4세기 중엽에 중국으로부터 처음 전래된 불교는 14세기 말까지 사회통합과 안정을 위한 통치철학으로 이용되었고 국교적 위상을 유지했으며, 조선조 초기의 군왕도 불교를 신봉하여 15세기 초까지 왕사제도가 있었다. 고려 중엽부터 실시된 승과는 그 성쇠는 있었으나 조선 중기까지 존속되었고, 조선조를 통해서도 유교의 한계를 넘어서는 종교적 부분은 기독교가 들어오기 전까지 일부 토속신앙과 함께 불교가 감당해 왔다. 조선조 유교정권에 의해 정치 경제적 억압을 받고 산중으로 소외되었던 불교는, 18세기 말 정조의 억불정책과 천주교 전래의 영향으로 핍박의 강도가 약해졌다가, 구한말 유대치 김옥균 등 유교의 한계 극복을 시도하는 개화세력의 사회개혁 이념으로 작용하기도 하였지만, 일제의 강점으로 국권이 쇠잔하고 인력과 재력 등의 결집이 안 되어 주체적 역량을 발휘하지 못했다. 일제의 식민통치 기간 중에 한국불교의 관권지배와 일본화 정책 등의 영향으로 한국불교는 자율성 및 전통유지에 어려움을 겪었고, 수행풍토의 오염과 세속권력 및 행정 만능적 경향으로 종교성의 세속화가 심화되었다.

불교와 세속정권과의 관계를 돌아보면, 통일신라시대까지는 대체적으로 균형 있는 협동관계를 유지하여 불교가 국력 신장에 기여하기도 했고 국가가 불교를 보호 육성한 것으로 볼 수 있어 상호 유익한 결과를 보여주었다고 본다. 고려시대에는 불교가 정권보다 영향력이 우세하여 불교행사에 치중하다 보니 오히려 국력 쇠퇴의 한 원인이 되었다고 할 수 있다. 조선조에는 고려조의 반동으로 유교정권이 일방적으로 불교교단을 지배한 불균형을 보이고 있어, 불교의 쇠락은 물론 권력도 전횡의 말폐를 가져와 결국 국력의 침체와 외세의 침략을 입었다. 그로부터 종교와 세속권력의 상호 견제와 협력관계가 건강한 국가유지에 얼마나 중요한지 짐작할 수 있다.

30여 년 간 일본 식민지 상태의 억압과 구속으로부터 해방되어, 민주공화국이 된 후, 한국은 헌법에 의해 종교의 자유를 누릴 수 있고 세속권력의 간섭 없이 교단 스스로 내부문제를 자율적으로 풀어갈 수 있는 제도적 장치가 마련되었다. 서구적 관점에서의 정교 분리적 체제가 도입되었다고 볼 수 있다. 종교와 세속권력과의 관계가 평등하게 균형을 이룰 수 있는 새로운 분위기가 조성되었다고 하겠다. 그럼에도 불구하고 불교교단이 자율자정 능력을 상실하거나 세속권력과의 관계 유지가 균형을 잃으면 그 사회의 평화와 건강을 해치게 된다. 이후로는 현대 불교계 내부의 권력체제의 형성과 이른바 '종권(宗權)'의 흐름을 중심으로 사회적 관계에 주목해 본다. 종권이란 넓은 의미로서 일반적인 '종교권력'을 가리키는 경우도 있으나, 여기서는 그러한 경우를 '교권(敎勸)'으로 보고, 종권을 좁은 의미로서 '종단권력(宗團權力)' 즉 불교계 내의 여러 종파 가운데 특정 종단 내부의 권력을 가리키기로 전제한다. 해방 이후 민주 법치주의로 사회가 진행되며 불교계 내부에서 주장과 여건이 다른 부류들에 의해 독자적으로 법적인 절차를 밟아 합법적으로 신생한 종단이 수십 개에 달한다. 반면 처음 전래 이후 1700여 년의 전통을 유지해 온 기성 불교종단으로서 새로운 실정법적인 요건을 갖추어 등록한 종단은 〈대한불교조계종(大韓佛敎曹溪宗)〉이며 줄여서 '조계종'으로 통한다. 여기서는 신생 군소종단은 차치하고, 편의상 조계종에 초점을 맞추어 논의하겠으므로 특별한 종단의 이름이 없으면 '종단'이나 '종권'은 조계종단과 조계종권을 가리키는 것이다.

제1공화국으로 불리는 이승만 정권 하에서 불교계 내부의 이른바 '정화운동'이 일어났다. 이는 문자의 뜻대로, 일제식민통치 기간에 오염된 불교를 '정화'하여 본래의 순수한 한국불교의 전통을 회복하자는 작업이었다. 실제로 이 운동은 일제의 폐해를 통감하고 한국불교 전통을 지키려는 용성 선사 등 청정 수도승들에 의해 일제하에서도 산발적으로 주창된 것이 사실이고, 해방과 동시에 자연스럽게 점진적으로 시도되었지만, 사회적으로 처음 주목받게 된 계기는 1954년 5월 20일 이승만 대통령이 정화를 촉구하는 '유시[담화]'를 발표함으로써 비롯되었다고 알려진다. 우연한 기회에 사찰을 방문하고 실상을 목격한 그가 이른바 왜색을 척결하여야겠다는 소신을 가지게 되었던 것이다. 그가 발표한 내용은 불교교단과 사찰은 비구 즉 독신수행자가 운영하고, 아직도 기득권으로 종권을 유지하고 있는 일제강점기의 잔재 이른바 대처승은 교단과 사찰에서 떠나라는 것이었다.

일제식민정권은 정책적으로 일본식을 따라 승려를 결혼하도록 유도하고 그러한 이들에게 주지직과 함께 사찰운영권을 주었는데 이는 그들을 총독정치의 하수인으로 만들고 한국 종교 정신문화계를 파괴 말살하려는 계략이었다. 그러한 결과 해방 직후까지 한국의 대부분 사찰이 그들의 수하에 있게 되었고 정작 소수의 비구승들은 머물 데가 별로 없었으며 수행에 큰 불편을 겪고 있었다. 열세에 밀려 정화작업을 제대로 할 수 없었던 비구승들은 대통령이 지원하는 세속적 권력에 힘입어 대처승들을 사찰에서 밀어내기 시작했고, 기득권을 주장하며 버티는 대처승들과 치열한 공방전이 이루어졌다. 그 과정의 사태는 이른바 '분규'로 지칭되는데, 불교계는 시위와 폭력이 수반된 내분의 진통을 겪게 되었다. 결국 대부분의 사찰이 비구승에게 장악되었지만, 그 과정에서 인력의 필요에 따라 자질이 부족한 비구승의 양산과 교육과 수행의 미비로 인한 수행승단의 위신이 사회적으로 크게 손상되고 실추되었다. 이는 동기는 좋았다하더라도 그 과정과 결과는 세속 권력의 교권 개입과 교단 내부의 권력 쟁탈전으로 볼 수 있는 바, 비종교적 사태의 발생과 그 해결 방법의 폭력성 개입으로 이후의 교단 내 문제 발생에 한 원인이 되기도 했다.

1955년 8월의 전국승려대회를 기점으로 등장한 비구승 중심의 조계종단 위주의 정화운동은 제일공화국말기까지 끝나지 않았고, 4·19혁명의 분위기 속에 혼미를 거듭하다가, 짧은 제2공화국을 거쳐 5·16군사혁명이 일어났을 때까지 계속되고 있었다. 혁명정부는 사회통합 차원에서 정화운동의 양상을 분규로 보고 이를 종식시키려고 적극 개입했고, 분규의 당사자들은 정권의 압박을 무시할 수 없었다. 결국 1962년 1월 불교재건위원회의 구성과 여러 차례의 회의를 거쳐 통합종단이 성립되었다. 즉 비구승과 대처승이 서로 양보 합의하여 양측을 아우르는 종단을 만들기로 하고, 종헌을 제정하여 3월 25일 공포하고 그에 따라 체제와 인사가 정비되었다. 그 종헌은 종단의 명칭을 〈대한불교조계종〉으로 확정하였고 이후 현재까지 유지되어 오고 있다. 초대종정으로는 비구승인 효봉 스님이, 초대 총무원장은 대처승인 석진 스님이 선출되어 균형을 이루었다. 한편 새로운 종단의 성립 후 기존의 비상종회를 해체하고 새로운 종회를 구성하는 과정에서 대처승들은 비구승보다 상대적으로 적은 종회의원 수에 불만을 품고 동수를 요구하며 탈퇴하여 여러 가지 송사를 하다가 마침내 1970년 5월 독립종단을 창설하고 〈한국불교태고종〉이란 명칭으로 관련 법률에 따라 등록하여 오늘에 이르고 있다. 이로서 정화운동 과정에서 벌어졌던 비구승과 대처승의 종권 다툼은 일단락되었고, 조계종은 비구승 중심으로 과거 전통의 회복과 정통성을 확보하게 되었다.

1960년대에 주목할 사안은 혁명정부가 1962년 5월 불교재산관리법을 제정하여, 그 법을 통해 불교재산의 관리권과 그 관리인의 등록 및 인정하도록 함으로써 이후 불교계를 합법적으로 통제 관리할 수 있었고 이는 세속권력이 종권에 관여하며 종단의 자율권을 제한했다는 것이다.

제3공화국 정부시기인 1970년대에 조계종은 자체 내부에 종권과 관련한 혼란을 겪었다. 문제의 원인은 종단의 최고 수장인 종정과 행정수반인 총무원장 사이의 권력 다툼이었다. 1960년대 중반 제2대 종정이었던 청담 스님도 종권 때문에 갈등을 겪었고, 종정 직을 사임한 후에 다시 총무원장 직을 맞기도 하였었는데, 종헌에 두 직위의 권한에 대하여 명확하게 규정이 되어 있지 않았고 더불어 종회와도 권력의 행사에 마찰이 있었다. 인사와 예산을 포함하는 권력의 행사 구조가 종정중심제와 총무원장중심제의 견해 차이로서, 세속 권력구조로 비유하면 대통령중심제와 총리중심제의 차이로 볼 수 있다. 1973년 당시 총무원장이던 경산 스님의 인사문제가 일어나 제3대를 거쳐 제4대 종정이던 고암 스님이 권력을 장악하였으나, 그 후 비판적인 종회의원들이 여러 가지 사안으로 갈등을 일으키므로 고암 스님이 종회의 기능을 유보하였다. 이에 반발한 재야의 세력들이 주동이 되어 각종 집회 등 내분사태가 고조되었고, 마침내 1974년 고암 스님이 종정 직을 사퇴하여, 후임으로 서옹 스님이 제 5대 종정으로 추대되었다. 당시 종회의 권한이 강화되었지만, 그 후 서옹 스님이 다시 종정중심제로 종헌 개정을 단행했으나 이에 불만세력이 적지 않았고, 이어서 폭력적으로 종권 탈취를 기도한 이른바 '김대심 사건'으로 종정의 집행부가 도덕적 타격과 위상의 추락을 당하게 되었다. 그 후 마찰을 빚던 종회는 서옹 종정의 추대를 취소하는 등 총무원장 중심제에 근거한 새 집행부를 개운사에 구성하고 종권을 겨뤘다. 종단의 분규상황을 해결하기 위해 전국신도회가 중재에 나섰고, 원로회의를 구성하여 양쪽의 권한을 위임받아 사태 수습을 도모하였다. 종단재건회의로 개편된 원로회의의 중재도 있었고 정부의 개입으로 1978년 총무원장중심제로 종헌을 개정하기로 합의한 후 대립을 끝냈다. 직무대행으로 지명된 고암 스님은 비상종회를 구성하고 거기에서 공식적으로 종정에 선출되어 개운사 측과의 공조를 소홀히 하니, 개운사 측은 임시 종회를 열어 종정 추대를 취소하였다. 1979년 양측이 총선을 통한 새 집행부 구성에 합의하여 1980년 총선과 중앙종회의 구성 후, 월주 스님이 총무원장으로 선출되어 종단의 안정을 추구하였다. 이로서 종정중심제와 총무원장중심제를 주장하는 집행부와 종회 간의 종권 다툼으로 종단의 수행과 대사회적 역할은 제대로 이루어지지 못하고 비생산적인 일에 정력을 낭비한 결과를 가져왔음을 볼 수 있다. 아울러 그 사이에 세속권력의 개입과 종권의 쇠약도 주목된다.

  1979년 제4공화국의 돌연한 붕괴와 1980년대의 제5공화국 기간에 종권도 변화를 거듭했다. 1980년 신군부가 감행한 이른바 '10·27 법난'은 그들을 지지하지 않고 자주적 비판적 입장을 추구한 종단 집행부에 대하여 비리 척결을 빙자하고 '사회정화'를 내세운 종권의 유린이었다. 정치군인들이 탈취한 정권의 정통성에 이의를 제기하고 민주화 주장에 앞장섰던 학계와 종교계의 정치비판세력을 제거하려는 의도로 자행된 일련의 사태는 후일 진실이 밝혀져 역사적 심판을 받기도 했다. 아무튼 군부의 개입으로 정화중흥회의가 구성되어 총무원장중심제 종헌 개정과 원로회의 구성으로 1981년 제6대 종정에 성철 스님이 추대되고 새로운 집행부가 짜였다. 성철 스님은 가야산 중에만 머물고 취임식에도 참석치 않았으며, 거의 종권에 관여하지도 않았고 국정자문회의위원으로 위촉되었지만 한 번도 참석치 않았다. 이후 총무원장이 종권을 행사하면서 주지 인사 등에 난맥상이 있었고 종회와의 갈등이 계속되었다. 1984년 개혁세력들의 봉은사에서 비상종단의 출범과 제도개혁위원회에서 종무행정체제와 입법기능을 혁신하고 '6부 대중'체제를 시도하는 결정이 나자 조계사 측의 기성 집행부와 분규의 양상이 있었다가 결국 양측의 타협으로 결말이 났다. 개혁세력의 졸속으로 그 계획이 좌절되고 말았지만, 종단 내부의 보수와 개혁의 갈등이 종권을 중심으로 파생되기 시작했음을 볼 수 있다. 1987년 말 종회와 총무원장의 대립을 비롯한 종권 쟁취의 힘겨루기가 있었지만 다음 해의 임시종회에서 총무원장의 권한을 강화하는 종헌 개정이 있었고, 종정 명의의 주지 임면권이 총무원장에게 넘겨지며 법적 행정적으로 총무원장이 종단의 대표권자가 되었다. 이 시기에 주목할 점은, 1988년 불교재산관리법이 폐지되고 불교계의 자율성이 제고된 전통사찰보전법으로 대체되면서, 조계종에 불만이 있던 이들이 탈퇴하여 창종을 하는 사태가 발생했던 것이다. 이를테면, 일붕 스님의 일붕선교종을 들 수 있다. 종권에 관심을 갖는 이들의 법적 제도적 운신의 변화를 볼 수 있다.

 1990년대에 들어와 당시 총무원장이었던 의현 스님은 통합종단 출범 이후 최초로 임기를 마치고 연임하게 되었는데, 임기 만료된 종정으로 월산 스님을 추대하려는 측과 성철 스님의 유임을 주장하는 측의 대결 끝에 성철 스님이 재추대되었으나, 양측의 갈등은 가라앉지 않았다. 이후 막강한 권력을 행사해 왔던 총무원장 의현 스님의 독선과 비리 등을 비판하며 부조리를 제도적으로 개선하려는 이들의 범종단개혁추진위원회가 1994년 초에 결성되었고, 이어서 종회를 조종할 수 있는 의현 총무원장의 3선 기도를 저지하려는 데 힘을 모았다. 결국 의현 스님은 경찰의 비호를 받으며 임시종회를 열어 총무원장 3선을 이루어냈고, 그 전후에 벌어진 폭력적 공방전은 종도는 물론 일반 사회의 질시를 받고 있었다. 결국 원로회의와 종회를 중심으로 비상 전국승려대회를 열고, 총무원장은 물론 승려대회 금지와 의현 총무원장 지지를 표명한 종정 서암 스님을 불신임하고, 개혁회의를 만들어 종단의 개혁을 추진하였다. 아울러 운집한 불교도들은 이른바 상무대 비리사건과 조계사에서의 부당한 공권력 행사 등 의현 스님 체제와의 유착을 규탄하며 김영삼 대통령의 사과와 최형우 내무장관의 해임을 촉구했다. 아무튼 개혁회의는 불교의 자주화와 종단운영의 민주화 및 불교의 사회적 역할 확대 등을 위한 법적 제도적 개선을 이루어냈다. 이로서 제6공화국에 이르도록 전두환, 노태우, 김영삼 정권과 유착하여 개인적으로 종권을 유지하려는 비자주적 세속적 정치승의 퇴치와 종권의 정상화를 이루었다고 본다.

이른바 개혁종단의 출범으로, 성철 스님과 서암 스님에 이어 제9대 종정에 월하 스님이 추대되었고 제28대 총무원장에는 월주 스님이 선출되었다. 그러나 4년의 임기 말에 선거를 앞두고 재선을 계획하고 있었다. 그는 1980년도의 원장 직은 10·27 법난으로 축출되었기로 재선에 문제가 없다는 인식이었다. 이때 종정중심제를 요청하였지만 실행되지 않고 있는 데에 불만을 품고 있던 월하 종정은 월주 총무원장의 재선을 막고 종헌종법을 개정하라는 종정교시를 발표하였고 그를 따르는 이들이 정화개혁회의를 만들어 총무원을 점거하였다. 그들은 종회의 해산과 총무원장 해임 및 선거유보를 결의하고 종권을 장악하려 하였다. 이에 맞선 집행부와 종회는 종헌 종법 수호와 정화회의 해산 및 해종 행위자 징계를 결의하고 폭력으로 점거하고 있는 총무원 청사의 반환을 촉구하였다. 그러나 완강히 버티며 물러나지 않자, 공권력의 개입으로 강제해산을 요청하여 그 집행 과정에서 폭력과 희생이 뒤따랐다. 그 과정의 보도와 그를 목격한 대중들은 크게 실망했고 종단의 위상은 크게 실추되었다. 사태가 수습되어 제29대 총무원장에 고산 스님이 선출되고 제10대 종정에 혜암 스님이 추대되었다. 그러나 다음 해에 정화개혁회의 쪽이 소송한 고산 스님에 대한 판결이 부정적으로 나자 다시 새 총무원장을 선출하게 되었고 제30대 총무원장으로 정대 스님이 선출되었다. 그는 최근에 동국대학교 재단이사장으로 피선되어 겸임금지법에 따라 총무원장 직을 사임하였으며 곧 후임 총무원장의 선거가 있을 줄 안다. 2002년도에 혜암 종정이 입적한 후, 제11대 종정으로 법전 스님이 추대되었고 이제 종단은 안정을 찾았으며 종권에 대한 갈등은 더 이상 보이지 않고 있다. 결국 총무원장과 종정의 권력 다툼과 총무원장의 장기집권 기도로 야기된 불미스런 사태는 세속의 권력쟁취와 유사하다고 볼 수 있는 비불교적 작태로서 종단의 위신을 크게 손상시켰음이 분명하다.

IV. 맺는 말

이상에 열거한 사례들을 통해 조계종단의 권력은 집행부인 총무원과 입법부인 종회의 상호견제와 아울러 종정과 총무원장 사이의 자기중심적 사고에 따른 갈등의 원인이 되어왔음을 짐작할 수 있다. 종교권력이 자체교단을 포함한 사회의 부정과 비리를 척결하고 민중의 고통과 어려움을 덜어주며 정의와 평화를 이루는 봉사의 역할을 못할 뿐 아니라, 오히려 역기능적으로 작용하여 부정과 비리의 온상이 되고 민중의 억압이나 부담이 되며 불화와 갈등을 일으킨 사례들을 통해 많은 시사를 얻을 수 있다. 오늘의 종교인은 각자가 스스로 관계된 상황을 검토하고, 개혁의 대상이 되지 않는지 성찰하며, 사회개혁에 솔선수범하여야겠다. 우리 모두 종교인으로서 사랑과 평화 등 좋은 말들을 이웃에게 말하고 가르치지만, 정작 자신의 삶이 그렇게 이루어지고 있는지 반성하며 실천 수행에 정진하여야 할 줄 안다.

불교인을 자처하는 이들은 교주 석존이 가르치시고 몸소 보여주신 바, 종단의 안과 밖에 걸친 권력과의 인연을 올바로 가꾸어 나가며, 오직 꺼리고 피하려는데 치우치지도 말고 집착함이 없이 권력이 올바로 행사되도록 관심을 갖고 비판적 참여를 할 수 있어야 하겠다. 우리가 함께 살고 있는 이 사회의 건전한 발전을 위해서는 끊임없이 자기개혁에 게으르지 말고, 공동체의 개혁에도 지혜와 힘을 함께 모으는 데 종교인들이 솔선하여야겠고 불교인이 수범하여야겠다고 생각한다.

■ 소개

(사)한국교수불자연합회

한국교수불자연합회는 1988년 2월 27일 교수불자 상호 간의 우의증진과 신행활동, 불교발전을 위한 연구와 부처님의 가르침을 통한 사회 봉사활동을 목표로 창립되었다. 이러한 서원을 실현하기 위해 교불련은 학술대회, 수련대회, 성지순례 등을 통해 끊임없이 정진하여 왔다. 또한 보살도를 실천하기 위해 다른 단체와의 연대와 지원을 통한 통일, 인권, 환경, 사회정의 운동에 동참해 왔다.

현재 55개 대학에 1,500여 명의 회원이 활동하고 있다. 한국교수불자연합회의 역대 회장은 다음과 같다 : 고준환(초대) 한상범(2~4대), 오상환(5대), 유종민(6대), 조희영(7대), 이 준(8대), 연기영(9~10대), 김용표(11~12대).

교불련은 자기 수행은 물론 불교와 제학문과의 학제적 연구를 통하여 이 시대를 위한 불법의 실천방향을 제시, 대학 및 지역 사회 포교, 재가 불자 교육 등의 활동을 통하여 불교와 이 사회에 희망의 빛을 던져주는 공동체로 성장해 나가고 있다. 2002년부터는 매년 많은 회원들이 한마음 한뜻으로 만해 한용운 선사의 얼이 담긴 설악산 백담사에서 교수불자대회를 개최하여 오고 있다. 또한 2003년에는 동아시아 교수불자대회를 개최하였고, 2004년에는 아시아를 비롯하여 세계 여러 나라의 교수불자들과의 네트워크를 강화해 나가고 있다.

2000년 들어서 주요활동은 다음과 같다.
2000년(불기 2544년) 교불련 논집 7집 발간 「21세기 한국불교의 과제와 전망」, 8월 11일-19성 선종 학술대회 및 중국불교 성지순례(추계학술대회 겸) 중국 강서성 남창시 우민사.
2001년(불기 2545년) 5월 12일 부처님 오신 날 기념 학술대회 「한국 불교의 불교 교육」, 제6회 성지순례-인도.
2001년 추계학술대회(조계종 총무원 1층) 「한국의 미래와 청소년 정책의 과제」.

2002년(불기 2546년) 제7회 성지순례-일본 시코쿠.
2002년 한국교수불자대회(어울림과 나눔의 세상).
2003년(불기 2547년) (사)한국교수불자연합회 법인설립-문광부 허가 제383호.
　　3월 1일 (사)한국교수불자연합회 회장단 취임(10대 연기영 회장 취임).
2003년 제1회 동아시아교수불자대회 겸 제2회 한국교수불자대회 「어울림과 나눔의 세상-동아시아 문화와 불교」.
2004년(불기 2548년) 세계교수불자대회(어울림과 나눔의 세상-「대화문명시대의 아시아 문화와 종교」.
2005년(불기 2549년) 3월1일 제11대 한국교수불자연합회 회장단 취임(김용표 회장 취임).
2005년 한국교수불자대회. 교불련 논집 11집 간행 「지구촌 시대의 한국문화와 불교」(2004, 오성).
2006년(불기 2550년) 제1회 불자-기독자 교수 공동학술회의 2006. 5. 19(금) 「인류의 교사로서의 붓다와 예수」. 주최 : 한국교수불자연합회/한국기독자교수협의회.
2006년 한국교수불자대회. 교불련 논집 제12집 발간 「한국불교와 세계불교와의 대화」.
2007년 2월 7일 제12대 회장 김용표 교수 재선.
2007년 4월 27일 제2회 불교-기독교 교수 공동학술회의 주관. 「오늘 우리에게 구원과 해탈은 무엇인가?」 발간(2007. 동연).
2007년 8월20~22일 2007 종교와 평화 대회 및 교수불자대회(월정사). 「생로병사와 해탈」(교불련 논집 13집) 발간.

■ 소개

한국기독자교수협의회

〈한국기독자교수협의회〉는 1957년에 창립된, 금년에 협의회 설립 45년이 되는 오래된 단체입니다. 〈한국기독자교수협의회〉는 창립 초기부터 오늘에 이르기까지 줄기차게 우리 사회에서 예언자적 사명을 감당해 왔습니다.

〈한국기독자교수협의회〉의 회장과 부회장을 역임한 분들은 다음과 같습니다 : 서남동, 고범서, 김용옥, 현영학, 김용준, 노정현, 조요한, 노명식, 서광선, 이문영, 한완상, 안병무, 김찬국, 김동길, 이계준, 김숙희, 이삼열, 이명현, 명노근, 이만열, 김성재, 이석영, 노정선, 오인탁, 김용복, 이경숙, 김상일, 이종오, 권진관, 김성은(2008년 회장) 등.

〈한국기독자교수협의회〉는 1960년대에는 "대학에서의 인간형성"(1963), "기독자 대학인의 사명"(1964), "한국의 근대화와 대학의 책임"(1965), "한국의 정치, 경제 및 종교의 병리현상과 기독자 교수"(1967) 등의 주제로 연차대회를 열었으나, 1970년대로 접어들면서 한국의 정치상황의 변화와 더불어 우리 사회에서 거의 유일한 비판의 목소리로서의 역할을 하기 시작하였습니다. 그리하여 연차대회의 주제도 "한국의 현실과 기독자교수"(1975), "하나님의 나라가 한국에 임하소서"(1978), "역사의식과 아세아 대학에서의 역사교육"(1983), "분단전후 한국의 고등교육"(1987), "민주화와 대학 지성인의 참여"(1988), 등으로 변천하여 왔습니다. 1990년대로 접어들어서는 우리나라의 정치적 민주화의 전개와 평화통일정책에 발맞추어 "탈냉전시대에 있어서 기독자 대학인의 사명"(1990), "기독교와 통일운동"(1991), "민주사회의 과제와 기독자교수"(1993), "사회개혁과 대학의 책임"(1994), "민족화합과 희년통일"(1995), "과거청산과 민족의 미래"(1996), "세계화와 교육"(2001) 등의 주제를 다루었습니다.

〈한국기독자교수협의회〉는 시대에 안주하기 않고 기독자적 지성으로 시대를 전망하는 활동을 계속하고 있습니다. 2002년도에는 "학진의 연구지원정책"(김성재), "한국의 부패, 그 현황과 대책"(이은영), "외국의 부패극복사례 : 싱가포르와 미국"(박원순), "한국의 정치 : 사회적 민주주의의 변천과 기독자교수협의회"(한완상) 등의 지식인포럼을 가졌으며, 2002년도 연차대회를 "사회개혁과 종교권력"이라는 주제로 학술발표회를 가졌습니다. 2003년도 연차대회는 "한국의 종교들 간 대화 : 결과와 전망"이라는 주제로 학술발표회를 가졌습니다. 2005년도 2월에 "한국의 사회안전망을 위한 기독교의 과제 모색"이란 주제로 겨울대회를 가졌으며 5월에는 "동북아 평화 국제 학술대회"를 개최하였습니다.